Wurzelkraft & Mondesmacht—Mein Weg zur Naturreligion

Asha Corina Appel, Books on Demand

Für meine Kinder
In der Reihenfolge ihres Erscheinens:
Linda, Kevin und Benedikt

Bildbeschreibung Titelseite:
Das Bild hat meine Freundin Conny in Öl auf Leinwand gemalt. Es trägt den Titel „Imbolc". Conny befasst sich seit vielen Jahren mit naturspirituellen Themen und gibt ihrer Kreativität unter anderem in ihren Bildern und durch ihr bezauberndes Harfenspiel Ausdruck.

Wurzelkraft & Mondesmacht

Mein Weg zur Naturreligion

Bibliographische Information der Deutschen Nationalbibliothek:

Die Deutsche Nationalbibliothek verzeichnet diese Publikation in der Deutschen Nationalbibliographie. Detaillierte bibliographische Daten sind im Internet abrufbar unter: http://dnb.d-nb.de.

Herausgeber:
Corina Appel, © 2016

Herstellung und Verlag:
BoD – Books on Demand, Norderstedt.
ISBN: 9783743118607

Inhalt:

I.	Vorwort	7
II.	Einleitung: Was ist Der Alte Weg	9
1.	Woher kommt der Alte Weg?	13
2.	Wie komme ich auf den Alten Weg?	15
3.	Die hermetischen Prinzipien	15
III.	Heiden, Hexen und Götter	30
1.	Heiden	30
2.	Ein Gott / viele Götter	33
3.	Hexen	45
IV.	Verbunden mit der Natur	52
1.	Das Wesen Erde	52
2.	Sozialwesen Mensch	56
3.	Sonne, Mond und Sterne	
V.	Heilen – Die Natur kennt die Antwort	69
1.	Was ist Krankheit	77
2.	Schamanismus	80
3.	Von Kräuterhex' bis Miraculix	83
4.	Der Geist heilt den Geist	85
VI.	Orakel	87
	Weissagen mit Runen, Karten, Spiegeln etc.	
VII.	Magie	92

VIII.	Praktische Utensilien für die magische Arbeit	102
IX.	Feste und Feiern	108
1.	Die acht Jahreskreisfeste: Samhain, Jul, Imbolc, Ostara, Beltane, Litha, Lughnasad und Mabon.	109
2.	Mondfeste	127
3.	Übergangs-Feiern: Das kleine Kind, vom Kind zum Erwachsenen, Eheleite/Handfasting, Übergang zum Lebensabend und vom Diesseits ins Jenseits.	129
X.	Das alte Wissen kehrt zurück	135
XI.	Lehrer und Literatur	139

I. Vorwort:

Bin ich anders als die anderen? Anders als meine Freundinnen und Bekannten? Wahrscheinlich empfindet sich jeder Mensch irgendwie anders, war mein Gedanke schon als Jugendliche, deshalb achtete ich nicht mehr auf dieses unangenehme Gefühl. Auch wenn es sich immer wieder meldete. Ich versuchte einfach, es zu ignorieren. Immerhin kam ich ja in der Gesellschaft ganz gut zurecht, auch wenn es mit den Jahren immer mühsamer wurde.

Vor allem die größtenteils oberflächlichen Gespräche empfand ich als sehr anstrengend. Small Talk war einfach noch nie mein Ding. Aber in fast allen Gesprächen ging es um Belangloses. Um Themen, die so an der Tagesordnung waren. In der Schule um die Lehrer und den Stoff und die Eltern. In der Disco um die Musik und die Schule und die Eltern. In der Familie um die Eltern, die Schule und die Freunde. Später, als junge Mutter um die Kinder. Das war dann zeitweise der einzige Gesprächsstoff, den es auf der Welt zu geben schien. Und da meldete sich recht schnell dieses Gefühl wieder, das ich schon seit meiner Jugend hatte. Es war eng verbunden mit der Frage: Ist das alles? Und was soll ich eigentlich auf dieser Welt?

Diese Fragen beschäftigten mich immer massiver und ich fing an, nach Antworten zu suchen. Als sogenannte Leseratte bekomme ich Antworten oft in gedruckter Form. Als Buch oder als Artikel in einem Magazin oder einer Zeitung. Manchmal auch im Gespräch. Ich kann mich noch sehr gut an die Krisen erinnern, die ich als junge Frau durchlaufen habe. Und in einer dieser Krisen bat ich ganz intensiv um eine Antwort. Die kam wieder einmal in Form eines Buches. Es heißt „Schicksal als Chance" von Thorwald Detlefsen und es hat mich tief im Inneren angesprochen. Es gab so manchen Aha-Effekt und es hat dazu beigetragen, meine Sichtweisen zu ändern.

Bei dem einen Buch blieb es nicht. Es wurden immer mehr, die „vom Leben" handeln. Und dann fiel mir mein erstes Hexenbuch in der Hand. Es hat mich elektrisiert, denn es war kein Roman, sondern ein Sachbuch. Frauen (und Männer), die mit Magie arbeiten und die in „andere Welten" sehen, ja sogar reisen konnten. Gibt es das? Ich konnte es mir zwar vorstellen, wollte es aber dann auch selbst erfahren. Den ersten Kurs in diese Richtung belegte ich bei der Autorin des Buches (Ulrike Ascher), einer Hexe, die schamanisch arbeitet. Und von da an war mir klar, wohin meine Reise gehen sollte. Aber wie? Meines Wissens gab es in meiner Region keine Hexen. Oder doch?

Ja, es gibt sie. Aber sie geben sich öffentlich nur selten zu erkennen. Kurzum, ich lernte Silvana kennen. Sie zeigte mir, dass es noch mindestens eine Person gibt, die so „tickt", wie ich. Sie geleitete mich in die Welt der Hexen und der Magie. Und hier lernte ich noch mehr Menschen kennen, die „anders" sind. Dabei war Silvana zwar zunächst Lehrerin, dann aber immer mehr Freundin. So baute sich mein Freundeskreis neu auf.

Interessant war, was dann passierte. Denn irgendwann stellte ich in Gesprächen mit Kollegen und Bekannten (männlichen und weiblichen) fest, dass viele ihre Spiritualität ähnlich leben wie ich und manche noch auf der Suche sind. Es scheint eine Suche zu sein, wie ich sie selbst erfahren habe – nach Menschen, die mich verstehen und nach Antworten auf meine Fragen. So entstand die Idee, dieses Buch zu schreiben.

Ein Buch über den Weg zur Naturreligion, die auch gerne der Alte Pfad oder der Alte Weg genannt wird. Diesen Weg kann ich nur aus meiner Sicht beschreiben. Denn mir ist in vielen bewegenden Jahren, in denen ich viele wundervolle Menschen kennengelernt habe, bewusst geworden, dass der Weg der Naturreligion nicht ein einziger ist. Vielmehr ist es ein Weg, der zwar gewissen Grundprinzipien folgt, sich aber für jeden anders gestaltet.

In diesem Buch sind daher vorwiegend meine persönlichen Erfahrungen und Erkenntnisse festgehalten.

Eins noch: Der Einfachheit halber schreibe ich meist in der männlichen Form, wobei immer beide Geschlechter gemeint sind.

II. Einleitung:
Was ist der Alte Weg?

„Ohne Nahrung können wir einige Wochen überleben, ohne Wasser höchstens drei Tage, ohne unsere Spiritualität noch keine Sekunde." Diese Weisheit stammt von meiner Schwester im Geiste Geridwen (gest. 2014). Der niederländische Humanist Erasmus von Rotterdam (1469-1536) beschrieb es so: „Der Körper kann ohne den Geist nicht bestehen, aber der Geist bedarf nicht des Körpers".

Spiritualität ist ein Begriff, über den man nun stundenlang diskutieren könnte. Atheisten werden vielleicht behaupten, dass es keine Spiritualität gibt. Buddhisten, Christen, Hindus, Moslems etc. haben ihre jeweils eigene Auslegung davon. Die meisten sind sich allerdings einig, dass ein Mensch ohne Glauben dem Blatt im Wind gleicht. Ihm fehlt eine Quelle der Kraft. Wobei der Glaube an sich nicht unbedingt mit der dazu gehörigen Kirche Hand in Hand geht. Das eine ist der spirituelle Weg, das andere die Institution mit ihren Regeln, Gesetzen und Vorschriften.

Nun gibt es immer mehr Menschen, die ihre Gründe dafür haben, mit ihrem bisherigen Glauben zu hadern und auf die Suche nach etwas gehen, mit dem sie sich besser identifizieren können. Das kann der Moslem sein, der sich im Buddhismus wiederfindet oder der katholische Christ, der sich im Protestantischen Christentum wohler fühlt. Manche Suchenden kommen aber auch zu einem ganz alten Weg, der lange zugewuchert war und seit einigen Jahrzehnten langsam wieder frei gelegt wird: Die Naturreligion. Ich nenne die Facette, die ich kenne (weil bereits in vielen Gruppen bekannt) einfach den Alten Weg.

In diesem Buch versuche ich, anhand meiner eigenen Erfahrungen und Erkenntnisse diese Ur-Religionsform ein wenig zu beleuchten.
Auf dem Alten Weg zu sein, bedeutet, als natürliches Wesen in Verbindung mit der Natur zu sein. Mit allen Höhen und Tiefen in der Natur, mit ihrer geistigen Welt und mit ihrer ganzen Schönheit und Fülle. Dazu gehört auch unsere eigene Natur, denn alles ist miteinander verbunden. Nichts existiert für sich allein.

Der Einfachheit halber verwende ich in diesem Buch die Bezeichnung „Naturspirituelle" für alle Menschen, die auf dem Alten Weg unterwegs sind. Das können Heiden, Hexen aller Coleur, Druiden und andere naturreligiöse Menschen sein. Bei dieser Aufführung ahnt man es bereits: So viele Menschen, so viele Gruppen, Zirkel, Clans, Kreise, Einzelpersonen etc. den Alten Weg gehen, so viele Auslegungen gibt es. Deshalb möchte ich gleich vorwegschicken: Was in diesem Buch beschrieben ist, ist nicht der Weisheit letzter Schluss.

Eine der Grundregeln des Alten Weges lautet, auf der Basis des uralten Wissens seine eigene Richtung zu gehen. Dazu gehört, seiner Intuition zu vertrauen, seine Rituale so zu feiern, wie man es für stimmig hält und auch ansonsten auf seine eigenen Bedürfnisse zu achten. Das bedeutet nicht Egoismus in Reinform sondern Selbstbestimmung, aber auch Verantwortung. Denn die wichtigste Regel auf diesem spirituellen Weg lautet: „Tu, was du willst und schade niemandem." Erweitert wurde diese Regel im Jahr 1972 vom Rat der Hexen, der 128 Gruppen weltweit repräsentiert, durch: „Erkenne Dich selbst und finde das rechte Maß". Eine Lebensaufgabe.

Nun ist diese Regel keineswegs neu. Sie wurde in ähnlicher Weise bereits von Aurelius Augustinus (354 - 430 n. Chr.) einem Philosophen und Kirchenvater an der

Schwelle zwischen Antike und Mittelalter niedergeschrieben: „Liebe und tue, was du willst". Der Vergleich mit dem biblischen Text aus Matthäus 7,12 allerdings funktioniert nicht. „Alles nun, was ihr wollt dass euch die Menschen tun sollen, das tut auch ihr ihnen; denn das ist das Gesetz und die Propheten." Dieser Satz wird zwar teilweise als Ur-Version von „Tue, was du willst..." genommen, hat allerdings wie ich finde eine etwas andere Bedeutung, weil es eine gewisse Berechnung voraussetzt. „Tue, was du willst und schade niemandem" hingegen drückt aus: Entfalte Dich, aber nimm Rücksicht dabei.

Unser Leitsatz wurde auch von Aleister Crowley verwendet und aufgeschrieben. Er war Okkultist, Selbstdarsteller und eine tragische Gestalt. Durch seine Eskapaden hat er maßgeblich dazu beigetragen, dass die Öffentlichkeit wieder auf Magie aufmerksam wurde, auch wenn er den meisten seiner Zeitgenossen eher suspekt war.

Im Prinzip ist es egal, wer wann diesen Satz verwendet hat. Vielleicht hat ihn auch schon jemand im alten Griechenland oder Ägypten in ähnlicher Weise verwendet. Wichtig ist die Bedeutung, die er heute für Menschen auf dem Alten Weg hat.

Was ist aber der Alte Weg und wie alt genau ist er denn?
Sicher kann sich jeder vorstellen, dass ein geistiger, spiritueller Weg gemeint ist, nicht der krumme Pfad im kleinen Eichenwäldchen oder Birkenhain, der von A nach B führt.

In Kurzform kann dieser Weg als die älteste Religion der Erde bezeichnet werden, die Natur-Religion. Wobei ich mit Religion die eigentliche Bedeutung des Wortes meine: Religio = Rückbindung an die (spirituellen) Wurzeln. Seine Mysterien sind über das Gefühl, die Intuition erfahrbar.

Der Alte Weg ist ein spiritueller Weg, lebendig, voller Magie, voller Zauber. Ihn zu begehen heißt, so gut es geht mit der Natur zu leben und die Natur (auch die eige-

ne!) zu respektieren. Klar können wir jetzt nicht alle wieder in den Wald ziehen, unsere Autos verschrotten, die Handys wegwerfen, unsere Arbeit aufgeben und einen Rückfall in die Steinzeit provozieren. Aber wir können andere Möglichkeiten in Betracht ziehen, als die innere Leere mit Drogen, Gewaltexzessen, Arbeit, 5x Urlaub im Jahr oder sonst was zu füllen.
Wir können in uns hinein fragen, ob die reine materielle Sicherheit tatsächlich wirkliche Zufriedenheit (und Sicherheit) bietet. Ich denke dabei etwa an die Wirtschaftskrisen. Wie schnell hat sich für Viele, die sich auf der materiell sicheren Seite wähnten, hier das Glück gewandelt.

Auf dem Alten Weg zu gehen bedeutet für mich eine Umkehr. Vielleicht kann ich diese Umkehr so beschreiben: Es kommt dem Auftauchen aus einem dunklen Sumpf gleich, der uns bisher zäh festgehalten hat. Ein Sumpf aus egoistischem, materiellem Streben und starrer Wissenschaftshörigkeit. Es ist eine Rückkehr ins bewusste Leben.
Dabei geht es um das Ehren der Natur und den Respekt vor allem, was sie den Erdenbewohnern schenkt. Mit Natur wird allerdings nicht nur das bezeichnet, was sichtbar ist, sondern auch das Verborgene. Das, was in den Lebewesen existiert und um sie herum. Denn von je her hat der Mensch eine Ahnung davon, dass es mehr gibt, als das, was seine fünf Sinne wahrnehmen können.

Der Alte Weg ist also eine Religion, in der zum einen die Natur respektiert und geehrt und zum anderen mit deren Magie gearbeitet wird. Alles Wissen darüber ist schon immer vorhanden und wartet nur auf seine Wieder-Entdeckung. Was den Alten Weg vor allem auszeichnet, ist, dass es keine starren Regeln gibt. Keine Gebote, keine strengen Gesetze, wie etwas zu geschehen hat. So individuell wie der Mensch, ist der Zugang zum Alten Weg.

II.1 Woher kommt Der Alte Weg?

Frauen geben Leben weiter, sie sorgen dafür, dass die Menschheit nicht ausstirbt. Daher wurde ihnen in archaischen Kulturen, was sich anhand von Ausgrabungen vermuten lässt, wohl großer Respekt gezollt. Und beim Beobachten der Natur stellten die Urzeitmenschen fest, dass auch die Erde immer wieder neues Leben hervorbrachte. Deshalb war auch sie weiblich – Mutter Erde, die Urmutter, Gaia. Und das höchste spirituelle Wesen, das dafür sorgte, dass immer wieder alles gedieh, musste deshalb auch weiblich sein – die Große Göttin.

Venus von Willendorf

Die Verehrung der Urmutter lässt sich mittlerweile auf die Zeit um 120.000 Jahre vor unserer Zeitrechnung (v.u.Z.) zurückführen. Aus dieser Zeit haben Archäologen Grabbeigaben gefunden, die auf religiöse Handlungen hindeuten.

Wenn man bedenkt, dass die Menschheit rund 160.000 Jahre alt ist, hat der Homo sapiens also recht schnell ein spirituelles Bewusstsein entwickelt. Allein daran ist zu erkennen, wie wichtig die Spiritualität von alters her war. Einer der bisher bedeutendsten Funde, der die Verehrung der Urmutter untermauert, ist die „Venus von Willendorf", die rund 25.000 Jahre v.u.Z. entstand. Solche Figuren wurden mittlerweile an vielen Orten gefunden. Einige sind wesentlich älter als die berühmte Willendorf'sche Figur.

Die Naturreligion war bei allen Urvölkern der Erde anzutreffen. Man darf sich das allerdings nicht so vorstellen, dass es einige Wenige gab, die diese religiösen Inhalte gelebt und vererbt haben. Es war vielmehr eine Lebensweise, die den Alltag jeder Frau, jedes Mannes und jedes Kindes bestimmte. Sie alle waren noch mit der Natur in Einklang, wohl spürend, - wenn auch unbewusst - dass sie ein Teil davon sind.

Zunächst war es sicher noch ein Sich-Anpassen und der Glaube daran, dass es etwas gibt, das für Wetter, Jagdglück, Heilung, Krankheit und Tod verantwortlich war. Im Laufe der Jahrtausende wurden die Menschen bewusster.

Es entwickelten sich Gemeinschaften und Gesellschaften, in denen das Leben mit der Natur zwar immer noch das Logischste auf der Welt war. Aber mit ihrer Magie arbeiteten zunehmend diejenigen, die sich intensiv mit allen Facetten der Natur beschäftigten und ihre Erkenntnisse daraus zu ziehen wussten, also Schamanen, Druiden, Hexen, Magier, etc. Bei allen gab es übrigens Männer und Frauen. Sie widmeten ihr Leben der Arbeit mit Natur und Magie, mit deren Hilfe sie heilten, weissagten und Zauber bewirkten um ihrer Sippe zu dienen. Die vorrangige Aufgabe dieser weisen Frauen und Männer war es, dafür zu sorgen, dass es ihren Leuten gut ging.

Der Alte Weg ist auch ein Weg der Selbstbestimmung. Es ist ein Weg, auf dem jeder sein Leben selbst in die Hand nehmen darf und auch muss. Das hat natürlich Vor- und Nachteile.

So wie sich die Natur in ihrer immer wiederkehrenden Transformation erneuert (siehe Jahreskreis) und weiterentwickelt, so will sich auch der Geist, also das Bindeglied zwischen Seele und Ego, weiterentwickeln. Doch da macht uns das Ego oft einen Strich durch die Rechnung. So kommt es zum Zwiespalt zwischen dem „Bauchgefühl" und dem „Verstand".
Alles, was von Beginn der Welt an zum Leben dazu gehörte und was wir Menschen seit Jahrhunderten sträflich vernachlässigt haben, will wieder zu uns, denn es ist ein Teil von uns. Davon zumindest bin ich ganz fest überzeugt. Es ist das Wissen um die Seele in allem.

Wir haben viele Wege ausprobiert. Manche waren gut, manche waren wichtig, manche haben in die Irre geführt. Es hat alles dazu geführt – hoffentlich – dass unser Horizont weiter wurde. Ich benutze mal eine Metapher: Es ist wie wenn ein junger Mensch in die große weite Welt geht, um alles zu entdecken und dann nach vielen, vielen Jahren nach Hause zurückkehrt und sieht, dass hier schon immer alles war, was er braucht.

Ganz kurz gesagt ist der Alte Weg also die Arbeit mit der sichtbaren und unsichtbaren Natur zum Wohle Aller. Soweit die Theorie. Nun zum praktischen Teil des Alten Weges.

II. 2 Wie komme ich zum Alten Weg?

Menschen, die noch nie mit diesem ursprünglichen spirituellen Weg in Berührung gekommen sind, haben sehr wahrscheinlich viele Fragen. Eine dürfte lauten: Wo finde ich diesen Alten Weg. Oder: Wie komme ich dahin?

Zum „Wo" sei gesagt: Alle Religios, alle spirituellen Wurzeln liegen in uns selbst. Das heißt also: Nicht in Timbuktu, auf der Milchstraße 3D oder hinter der dicken Eiche links fängt der Alte Weg an und wenn wir dort hinfahren, dann haben wir ihn gefunden. Nun werden Sie vielleicht sagen: „Jetzt bin ich genauso schlau wie vorher". Aber Achtung: Die Verwirrung wird (erst einmal) noch größer. Denn jetzt die Antwort auf die Frage: „Wie komme ich dahin?": Durch Innenschau, durch Arbeiten an sich selbst, dadurch, dass man der Stimme der Seele vertraut.

Verwirrung perfekt? Dann sollten wir nun schauen, wie jeder - und damit meine ich wirklich jeden - den Alten Weg finden und beschreiben kann. Dazu gehen wir in der Zeit zunächst sehr, sehr weit zurück und finden dort eine der meiner Meinung nach wichtigsten Grundlagen des Alten Weges:

II.3 Die hermetischen Prinzipien

Schauen wir uns die sieben kosmischen Gesetze oder die sieben Prinzipien nach Hermes Trismegistos an. Besagter Hermes T. ist eine recht nebulöse und sehr alte

Gestalt. War er überhaupt ein Mensch oder eher die Symbiose mehrerer Götter? Darauf gibt es bisher keine befriedigende Antwort. Dennoch hat die Hermetik, die auf besagten Hermes Trismegistos zurückgeht, zeitlose Gültigkeit. Und hier nun die Prinzipien, die Herr T. uns Irdischen in seiner „Tabula Smaragdina" an die Hand gegeben hat, in der Hoffnung, dass wir sie verstehen.

Zunächst eine Übersetzung der Tabula Smaragdina von 1702 (Quelle: Wikipedia): "Eygendliche Obersetzung der Hermetischen Smaragd-Tafel ins Deutsche auß dem Phönicischen.Verfaßung der geheimen Künste des Hermes Trismegistens

1. Warhafftig / außer aller Vnwarheit / gewiß und walich sage ich:
2. Die Geschöpf hie nieden gesellen sich zu denen dort oben / und diese hinwiederumb zu jenen / auf daß sie mit gesambter Hand ein Ding herfür bringen mögen / so voller Wunder steckt.
3. Vnd gleich wie alles auß einem durch deß einigen Schöpffers Wort entstanden: Also werden auch alle Ding nunmehr auß diesem einzigen ding durch anordnung der Natur gebohren.
4. Sein Vatter ist die Sonne / und seine Mutter der Mond; die Lufft träget es gleich als in Ihrer Bärmutter; seine Säugamme aber ist die Erde.
5. Diß Ding ist der Vrsprung aller Vollkommenheit der Sachen so in der Welt sind.
6. Seine Krafft ist am vollkommensten / wann es wiederumb in die Erde eingekehret ist.
7. Scheide alsdann die Erde fein von einander / so sie im Fewer gewesen / und mache ihre Dicke je subtiler und subtiler durch Hülffe des allerlieblichsten Dinges in der Welt.
8. In Summa. Steige durch großen Verstand von der Erden gen Himmel / und von dannen wiederumb in die Erde / und bringe die Krafft der öbern und untern Geschöpff zusammen / so wirst du aller Welt Herrlichkeit erlangen: Dannenhero auch kein verächtlicher Zustand mehr umb dich sein wird.
9. Diß Ding ist in allen starcken Sachen zu starck; dann es so wol die subtilste Ding

überwinden als auch die härteste und dichteste durchdringen kan.
10. Auf diesen Schlag ist alles geschaffen was die Welt begreifft.
11. Dannenhero können wundersame Dinge gewircket werden / wann es auff solche Weise angestellet wird.
12. Und mir hat man deßwegen den Namen Hermes Trismegistus gegeben / weil ich alle drey Theil der Weißheit dieser gantzen Welt besitze.
13. Diß sey gesagt von dem Meisterstück der chemischen Kunst."

Und nun die sieben Prinzipien, auf denen die ganze hermetische Philosophie begründet ist, im übertragenden Sinne:

A) *Das Prinzip des Geistes*
  (Alles ist Geist. Und der Geist herrscht über die Materie)

Ein gutes Beispiel ist Yoda, der kleine, faltenreiche Lehrer der Jedis aus den Star Wars-Filmen. Er zeigt, wie es geht, wenn der Geist über die Materie herrscht. Er lässt allein durch seinen Willen und ohne die kleinste Anstrengung Raumgleiter aus dem Sumpf emporschweben. Im Film zeigt sich deutlich woran es dem Yoda-Schüler Luke Skywalker anfangs mangelt: An Selbstvertrauen. Er ist davon überzeugt, dass man vielleicht kleine Dinge mit dem Geist bewegen kann, aber große Dinge nie und nimmer. Dadurch kann sich seine Kraft nicht voll entfalten. Die Kraft oder die Energie (nichts anderes ist der Geist) mit der er ebenfalls Großes bewegen kann. Alles nur Film? Nein.
Die Physik, oder besser die Quantenphysik, ist auch von wissenschaftlicher Seite schon lange auf den Spuren des Geistes. Sie hat festgestellt, dass alle Stoffe - auch die festen - eine Form von Energie sind. Bei den festen Stoffen schwingt die Energie sehr langsam, im Gegensatz zu den feinstofflichen, in denen die Energie sehr schnell schwingt. Und mit Hilfe unserer Gedanken, also feinstofflicher Energie, haben wir großen Einfluss auf die materielle Welt.

Zurück zu Star Wars: Die Filme zeigen einen uralten Mythos als Science-Fiction getarnt. Sie zeigen die Kraft, die in jedem steckt. Sie zeigen auch, dass diese Kraft manche Menschen abheben lässt und dazu verleitet, die Macht gegen die Natur und damit gegen sich selbst einzusetzen. Derjenige landet dann unter einem schwarzen Helm und hat Atembeschwerden – zumindest im Film. Im realen Leben könnte er sich ganz schnell in der „Geschlossenen" der Psychiatrie wiederfinden. Denn nichts, was Frau/Mann tut, verpufft irgendwo im All. Womit wir schon beim nächsten kosmischen Gesetz wären:

B) *Das Prinzip von Ursache und Wirkung = Karma*
   (Alles, was du tust, fühlst oder denkst kommt zu Dir zurück)

Jede Ursache hat ihre Wirkung, jede Wirkung ihre Ursache. Zufälle, wie wir sie verstehen, gibt es nicht. Es gibt nur das, was uns zufällt. Tue ich jemandem etwas Gutes, kehrt auch etwas Gutes – eventuell von anderer Stelle – zu mir zurück. Sofern die Gefühle, bei dem, was ich getan habe, echt waren. Tue ich irgendetwas nur, um mein schlechtes Gewissen zu beruhigen oder ähnliches, dann verpufft das Positive. Das ist beispielsweise die Krux beim „Wünschen". Ich denke mit all meiner positiven Kraft daran, dass ich viel Geld im Lotto gewinne. Mein Gefühl aber signalisiert im gleichen Moment, dass ich das gar nicht verdient habe, oder dass es sowieso nicht funktioniert. Was passiert? Wusch! All die schöne positive Gedankenenergie ist dahin. Wenn ich aber voll und ganz bei einer Sache bin, die mir richtig Spaß macht, wird sie erfolgreich. Kann sie nur, weil sie dem Gesetz der Resonanz folgt. Also Ursache = Ich bin begeisterter Maler und wünsche mir, dass meine Bilder die Herzen bewegen. Wirkung = Bei der nächsten Ausstellung erhalte ich durchweg positive Rückmeldungen und kann sogar meine ersten Werke verkaufen.

So wie es im Positiven funktioniert, klappt das natürlich auch im Negativen. Sende ich Hass, Neid, Wut oder sonstige negativen Energiewellen aus, werde ich auch hier ernten, was ich gesät habe. Wenn nicht sofort, dann später. Aber irgendwann erwischt es jeden, so funktioniert das Gesetz.

Hier eine kleine Anekdote dazu aus dem realen Leben: Da gibt es ein älteres Ehepaar, dessen Lebensinhalt daraus zu bestehen scheint, anderen Leuten das Dasein schwer zu machen. Sei es, dass sie ihren eigenen Sohn vor Gericht zerren oder ihre Nachbarn anzeigen, wenn die nur schief gucken. Der Mann war einst im Ort ein angesehener und geachteter Mann. Seine Frau war akzeptiert. Dann ging er in Rente und das war wohl der Startschuss für seine neue Karriere: Querelen-Meister und oberster Streithahn der Gemeinde. Hass, Neid, Missgunst etc., also alle negativen Gefühle dahinter waren deutlich zu spüren. Dadurch haben sich die Beiden innerhalb weniger Jahre ins „Aus" geschossen. Als sie wegzogen, wurden Fahnen gehisst und ein Fest gefeiert. Nun lebt das Paar in einem anderen kleinen Dorf und führt das Spiel dort fort, zum Leidwesen der dortigen Einwohner.

An diesem Beispiel zeigt sich ganz deutlich, dass alles, was man aussendet, egal, was es ist, wieder zum Absender zurückkommt. Oft sogar in dreifacher Ausfertigung. Deshalb sollte man sich sehr gut überlegen, ob man beispielsweise schwarzmagisch arbeitet. Einen wirklichen Schutz gegen den Bumerang gibt es nämlich nicht.

C) *Das Prinzip der Entsprechungen*
(Wie oben so unten)

Das bedeutet gleichermaßen: Wie innen so außen, wie im Großen so im Kleinen. Was kann man sich darunter vorstellen?
Dazu bemühe ich mal wieder ein Beispiel: Herrscht in mir Chaos und Durcheinander (also im Innen), dann wird es in meiner Wohnung ebenso aussehen (im Außen). Ist meine Wohnung sauber und aufgeräumt, bin ich ebenfalls ein klar strukturierter und aufgeräumter Typ. Das wirkt sich allerdings nicht auf Ehepartner aus, die meinen, wenn ihre „bessere Hälfte" immer alles in Schuss hält, könnten sie davon profitieren. Selbst Hand anlegen lautet die Devise.

Ein weiteres Beispiel: Bin ich ein „Kampfhahn", will also überall meinen Willen und meine Meinung durchsetzen, gebe nie klein bei und muss alles bis ins Letzte ausdiskutieren, dann werde ich immer mit Menschen konfrontiert, mit denen ich in den Ring steigen muss – ob ich das wirklich will oder nicht. Durch meine Haltung entstehen durchweg neue Situationen, die Kampf erfordern. So etwas macht auf Dauer mürbe, aber solange der Kreislauf nicht durch eine geänderte Sichtweise durchbrochen wird, dreht er sich immer weiter.

Gehen wir mal auf eine andere Ebene: „Wie im Großen so im Kleinen" und nehmen ein Land. Wenn hier die Politik (also im Großen) versucht durch Gesetze, Verordnungen, Vorschriften, Schilder und sonstige Einschränkungen allen Eventualitäten vorzubeugen, so pocht auch der einzelne Bewohner (im Kleinen) auf sein Recht. Und bei jeder noch so absurden Gelegenheit (wenn beispielsweise der Frosch in Nachbars Teich zu ungebührenden Zeiten quakt) – Ausnahmen bestätigen die Regel – wird dann geklagt. Würde die Politik lockerer werden und nicht versuchen alles in Stein zu meißeln, wären sicher auch die Einwohner dieses Landes um einiges lockerer im Umgang miteinander. Es gibt ein schönes Beispiel aus Holland. Hier wurden in einem Dorf alle Verkehrsschilder abgeschafft. Trotzdem können Fußgänger blind über die Straße gehen (ohne auf der Kühlerhaube zu landen). Denn der niederländische Verkehrsplaner Hans Monderman appellierte mit der Aktion an mündige Bürger, statt alle wie kleine Kinder zu behandeln. Ich bin überzeugt, dass dieses Vorbild überall, selbst in einer Großstadt, funktionieren würde und unser aller Leben vermutlich harmonischer wäre. Womit wir schon beim nächsten Gesetz sind:

D) *Das Prinzip der Resonanz*
   (Gleiches zieht Gleiches an)

Irgendwie hält sich das Sprichwort „Gegensätze ziehen sich an", bei uns sehr hartnäckig. Meist gemünzt auf ungleiche Paare. Das mag wohl sein. Das Gegensätzliche ist interessant, weil es anders ist, als das, was man kennt. Die Crux offenbart sich im

Namen: „Gegen". Was gegen uns ist, ist nicht mit uns. Ein Gegner ist gegen uns und ein Gegenüber ist zwar nicht unbedingt gegen uns, aber doch auf einer anderen Seite.

Nun bergen Gegensätze die ganz große Chance, sie zu vereinen, dass sie ein Ganzes ergeben. Das ist eine bedeutende und für uns Menschen im Prinzip unlösbare Aufgabe, weshalb die Liebe zwischen Männern und Frauen immer eine große Herausforderung ist. Es sind und bleiben Gegensätze, die versuchen so gut es geht, das gemeinsame Leben zu gestalten. Spannend, interessant und oft zum Scheitern verurteilt. Das Gute dabei: Wir Menschen sind sehr hartnäckige Wesen und versuchen es immer wieder.

Das „Gegen"über hält uns zudem einen Spiegel vor. In ihm sehen wir die Dinge, die wir an uns mögen – oder nicht mögen. Lehnen wir das Gegenüber ab, lehnen wir einen Teil von uns selbst ab. Da hinzuschauen ist eine schwierige, aber sehr lohnenswerte Arbeit. Dazu später mehr.

Und weil es gerade so gut passt, hier noch etwas zum Thema Partnerschaft: Viele Singles suchen einen Partner, weil sie (mit sich) alleine nicht zurechtkommen. Oder weil sie sich im Unglücklichsein und in Selbstmitleid baden und darauf warten, dass der Prinz oder die Prinzessin kommt, um sie aus diesem Sumpf herauszuziehen. Wie um alles in der Welt sollte ein Partner das denn schaffen? Denn was der Single aussendet ist: Ich liebe mich zwar selbst nicht, aber Du sollst mir beweisen, dass ich trotzdem liebenswert bin! Und was bekommt er? Nichts! Weil es einfach zu anstrengend ist, einem anderen Menschen dauernd zu beteuern, dass er liebenswert ist, ohne dass dieser selbst daran glaubt.

Gesetz der Resonanz: Der Single glaubt daran, niemanden zu finden, der ihn liebt und findet deshalb Partner, die entweder allein auf Sex aus sind oder auf das Geld, das Haus, das Prestige – aber nicht auf wirkliche Liebe. Wie man das ändern kann kommt später.

Dieses Beispiel macht deutlich, was es mit dem Prinzip der Resonanz auf sich hat: Was ich aussende, bekomme ich zurück. Ist meine innere Haltung freundlich, treffe ich freundliche Menschen und wohl gesonnene Tiere. Bin ich kämpferisch drauf, begegnen mir bissige Hasen oder kratzbürstige Katzen und Situationen, in denen ich mich ständig Energie zehrend durchsetzen muss. Bin ich der Meinung, ich werde niemals Wohlstand erreichen, wird auch dieses sich erfüllen. Nicht, weil irgendein höheres Wesen das so beschlossen hat, sondern weil ich daran glaube und deshalb genau das anziehe. Die Quantenphysik sagt dazu: Wir glauben nicht, was wir sehen, sondern wir sehen, was wir glauben. Interessant, nicht? Wir gestalten unsere Lebenssituationen jeden Tag neu. Ob wir wollen oder nicht. Was wir von innen heraus aussenden, ziehen wir im Außen an.

So ist das natürlich auch mit unseren Freunden und Bekannten, den Gruppen und Vereinen, denen wir angehören. Wir ziehen immer das an, was wir aussenden. Und umgekehrt. So wird mich die Gruppe am meisten ansprechen, die meinen Werten, meiner inneren Haltung, meinem Glauben und meinen Vorlieben am besten entspricht. Dort fühle ich mich wohl, dort gehe ich gerne hin. Sollte dem nicht so sein, dann wäre zu überprüfen, ob man tatsächlich freiwillig in der jeweiligen Gruppe ist, oder ob man noch aus Pflichtgefühl oder ähnlichem mitmacht. Das Sprichwort „Sage mir mit wem du umgehst und ich sage dir wer du bist" trifft den Nagel genau auf den Kopf.

Wo wir bei Gruppen sind: Gleiches und Gleiches verstärkt sich gegenseitig. Das bedeutet: Viele Menschen, die das Gleiche wollen und das Gleiche tun, setzen eine ungeheure Energie frei. Leider kennen wir es aus unserer Menschheits-Geschichte bisher zumeist den destruktiven Einsatz dieser Energien, hauptsächlich aus Geld- oder Machtgier oder religiösem Fanatismus. Daraus resultieren Grausamkeiten gegenüber anderen Menschen, irreparable psychische Schäden und Schäden in der Natur.

Konstruktiv hingegen sind die vielen kleinen Gruppen, die sich an vielen kleinen und größeren Orten zusammentun, um für unsere Erde zu kämpfen. Dass ein Schwert dabei nicht viel nutzt, ist sicher verständlich. Dass unsere positiven Energien der Erde hingegen sehr willkommen sind, bedarf wohl auch keiner weiteren Ausführungen mehr. Wie das funktioniert mit den Energien, darauf gehe ich ebenfalls später ein.

Seit der Industrialisierung ist es so, dass unser Planet gewissenlos ausgebeutet wird. Im sogenannten „Buch der Bücher" heißt es sogar: „Macht Euch die Erde Untertan." Und das haben vor allem die Industrie-Nationen wohl allzu wörtlich genommen. Schaue ich von der Seite des Alten Weges auf diesen Satz, so lautet er: Kind, unterjoche deine Mutter. Wem läuft jetzt nicht ein Schauer über den Rücken? So war es sicher nicht gemeint, muss ich zur Ehrenrettung der Bibel-Schreiber sagen. Aber es hat dennoch einen ziemlich bitteren Beigeschmack, finde ich.

Was wir damit angerichtet haben – damit meine ich uns alle, die vom industriellen Fortschritt profitieren, auch mich selbst – sehen wir in den Medien oder in unserer direkten Umgebung. Naturkatastrophen, wohin man schaut. Ein Tsunami hier, ein Vulkanausbruch da, eine viel zu lange andauernde Dürre dort. Menschen die vor Hunger sterben, obwohl woanders Lebensmittel in Massen vernichtet werden. Vom wirtschaftlichen Standpunkt lässt sich das natürlich alles irgendwie darlegen. Das Gewissen der Menschen kennt allerdings eine andere Erklärung. Mutter Erde lebt. Und sie wehrt sich gegen ihre Kinder, die achtlos, rücksichtslos und über alle Maßen grausam mit ihr umgehen.

Um wieder zurück zum Ausgangspunkt zu kommen: Hier ist etwas grundlegend aus dem Gleichgewicht geraten. Dieses Un-Gleichgewicht ist entstanden, weil die Menschen mehr genommen, als gegeben haben, weil ihnen das Bewusstsein für die lebendige Erde abhandengekommen ist.

Die Wissenschaft hat eine andere Erklärung: Alle etwa 5.200 Jahre kommt es zu einem Klimawandel und damit zusammenhängenden radikalen Umbrüchen auf der

Erde, die Altes vernichtet, um Neues hervorzubringen. Das zeigt allerdings wieder das Gedankengut des Alten Weges: Auch die Erde entwickelt sich und indem Überholtes losgelassen wird, ergibt sich automatisch die Chance auf einen Neubeginn.

Kommen wir zurück zum Prinzip der Resonanz und schauen uns vor diesem Hintergrund einmal das Wesen „Mensch" an:
- Er besitzt Knochen und festes Gewebe (Erde)
- Besteht zu rund 70-80 % aus Flüssigkeit (Wasser)
- Die Lungen versorgen ihn mit Sauerstoff (Luft)
- Es gibt Verbrennungseinheiten, z. B. Leber (Feuer)
- Er besitzt Geist (Äther) der mit der Seele verbunden ist.

Es ist leicht zu erkennen, dass wir aus denselben Elementen bestehen, wie unsere Erde. Wir sind ihr gleich und Gleiches zieht Gleiches an. Schon immer war es in unserem Unterbewusstsein verankert, dass die Erde und wir eine Gemeinschaft bilden. Das Symbol für diese fünf Elemente ist übrigens das Pentagramm, das fälschlicherweise oft mit „Teufelsanbetung" in Verbindung gebracht wird.

Auch in der Homöopathie wird das Prinzip „Gleiches heilt Gleiches" angewandt. Ein Mittel, das dieselben Symptome beim Gesunden erzeugt, wie sie der kranke Mensch zeigt, ist das Mittel der Wahl. Aber auch dazu später mehr.
Fortschritt soll und muss sein, denn der Fluss des Lebens darf nicht gestoppt werden. Es sollte allerdings in die für die Natur und alle Menschen richtige Richtung fortgeschritten werden. Das funktioniert! Und so kommen wir zum nächsten Punkt:

E) *Das Prinzip der Harmonie*
   (Das Stärkere bestimmt das Schwächere und gleicht es sich an)

Wann fühlen wir uns wohl? Die meisten von uns doch sicher, wenn sie in einer glücklichen Partnerschaft leben, sich in der Familie gut aufgehoben fühlen, von ihren Arbeitskollegen und Vorgesetzten respektiert und geachtet werden und mit Gleichgesinnten in angenehmer Atmosphäre die gleichen Ziele verfolgen.

Harmonie ist das Gefühl, nach dem wir alle ein Leben lang streben. Wenn es uns so gut geht und wir harmonisch in unserer Mitte sind, besitzen wir eine natürliche innere Kraft. Trotzdem gelingt es uns oft nicht, dieses Gefühl zu erreichen. Denn Harmonie entsteht durch Geben und Nehmen. Und da haben wir wieder einmal den Knackpunkt. Denn wer kann schon von sich behaupten, dass in allen Bereichen seines Lebens Ausgleich zwischen Geben und Nehmen herrscht? Ist ja auch schwierig.

Oft geben wir zuviel, ohne die Energie in gleichem Maße zurückzubekommen. Zum Beispiel im Beruf oder in der Familie. Dann leiden wir plötzlich unter Magenschmerzen, werden depressiv oder bekommen sonst eine Krankheit, die uns wachrütteln soll. Machen wir trotzdem weiter, werden die Krankheiten intensiver und wenn alles nichts nutzt, dann kommt der berühmte Mann mit der Sense.

Oder wir geben zu wenig. Zu wenig Liebe (Hartherzigkeit), zu wenig Geld (Geiz), zu wenig Vertrauen (Misstrauen). Auch das blockiert den Lebensfluss. Und was passiert? Es wird von unserer Seele ebenfalls mit Krankheit honoriert. Vielleicht ein Herzinfarkt, oder Gicht oder was auch immer. Nicht als Strafe, sondern als Aufforderung zum Umdenken. Denn - das sei hier noch einmal ausdrücklich gesagt – die göttlichen Energien haben kein Interesse daran, uns Leiden zu sehen. Wenn wir uns „die da oben" in menschlicher Gestalt vorstellen, dann sitzen sie wohl die meiste Zeit da und schütteln den Kopf darüber, wie wir uns hier unten selbst quälen und plagen.

Unser Verhalten ist allerdings nicht verwunderlich, denn gerade die letzten rund 2000 Jahre haben deutliche Spuren hinterlassen, vor allem in Form einer Opfermentalität. So glaubt ein Großteil der Menschheit, er sei der wirtschaftlichen und sozialen Umwelt hilflos ausgeliefert. Und dadurch fristen viele noch immer ein unfreies und sklavenhaftes Dasein. Da kann man nur rufen: Hallo, Aufwachen! Wie gesagt,

es ist sogar wissenschaftlich erwiesen, dass wir Schöpfer sind, nicht Opfer.
Nun aber noch einmal zu dem Unterpunkt dieses Gesetzes: Das Stärkere bestimmt das Schwächere und gleicht es sich an. Was für ein Satz! Aus der Tierwelt kennen wir ja: Der Stärkere frisst den Schwächeren. Das ist noch Okay, wird damit doch das natürliche Gleichgewicht wiederhergestellt. Und wir kennen ihn aus der Wirtschaft. Der Supermarkt frisst den Tante-Emma-Laden. Ist das gemeint? Wohl eher nicht. Das stärkere Prinzip ist das harmonische, denn hier sind Geben und Nehmen in der Waage. Schwach ist, wer im Ungleichgewicht ist. Also zeigt die stärkere Seite in uns dem schwächeren Teil, worauf es ankommt, damit die Einheit Mensch in Einklang kommt. Gefestigte Menschen – die unwillkürlich Stärke ausstrahlen – verhelfen im besten Falle den schwächeren Mitgliedern ihrer Umgebung ebenfalls zur Stärke. Möglich ist aber auch, dass die Schwächeren gehen.
Wie unten so oben. Also: Der Geist des Universums, der in Harmonie ist, führt die schwächeren Seelen schrittweise zur Stärke, zur harmonischen Einheit. Nicht umsonst haben die meisten von uns bereits sehr viele Inkarnationen hinter sich. Stärke will entwickelt werden.

F) *Das Prinzip des Rhythmus*
    (Alles fließt)

Rhythmus ist Bewegung, auf und nieder, hin und her, alles im Fluss. Das ist unser Leben. Und es ist unmöglich etwas an irgendeiner Stelle anzuhalten, ohne eine Wahnsinns-Energie aufbringen zu müssen. Denn man stellt sich damit gegen den natürlichen Fluss. Flexibilität, Weiterschwimmen und Weiterentwicklung ist gefragt. So nimmt der Rhythmus dem Ego die Möglichkeit, auf etwas Erreichtem, auf einem Höhepunkt zu verweilen. (Ja, Menschenskind, gibt es denn kein Ausruhen auf den Lorbeeren? Wenigstens so ab und zu – nach dem erfolgreichen Backen eines Hefekuchens bei einer Tasse Kaffee oder nach dem Karrieresprung in die dritte von 125 Gehaltsstufen? Nun gut, das waren wahrscheinlich nicht die perfekten Beispiele! Also weiter:)

Der Rhythmus sorgt dafür, dass es auch wieder ein Tal gibt. Das muss nicht tief sein, aber es ist tiefer als der Höhepunkt. Das bewirkt bei so manchem Sportler oder Manager Bauchschmerzen. Denn in Sport und Wirtschaft soll alles nur noch höher, schneller, besser gehen. Geht auch eine Zeitlang. Aber wie bereits gesagt, nur indem man eine große Portion Energie hineinsteckt. Noch härter trainieren und gegebenenfalls Doping einsetzen. Oder in einem Unternehmen arbeiten dann immer weniger Menschen immer mehr und das vielleicht für noch weniger Geld. Wo das hinführt kennen wir teilweise am eigenen Leib als „Burnout".

Der Lebensrhythmus lässt sich genauso wenig stoppen, wie das Wasser, das Richtung Meer fließt. Alles läuft immer weiter. Und wenn man es genau überlegt, wäre es doch schrecklich, wenn es nicht so wäre.
Diejenigen, die diesen Fluss erkennen und mit fließen, oder sich auch mal mitreißen lassen, können sich glücklich schätzen. Sicher gibt es immer mal Hindernisse, die überwunden werden müssen (beispielsweise die Milch beim Hefekuchen vergessen oder so). Aber es fließt dennoch weiter.

Überlassen wir das Steuer unserer Intuition, dann landen wir auch nicht in irgendeinem Seitenarm, sondern steuern unser Schiffchen auf dem Fluss des Lebens in das unendlich scheinende Meer, in dem ebenfalls Bewegung ist.
Beim Fluss gibt es allerdings auch zwei Seiten. Auf der einen den natürlichen Lebensfluss. Auf der anderen Seite den Fluss im unnatürlichen Flussbett, der an der kleinen Quelle machthungriger Menschen begonnen hat und jeden mitreißt, der sich diesem gefährlichen Gewässer aussetzt. Wobei wir beim nächsten Prinzip sind.

G) *Das Prinzip der Polarität*
   (Alles hat zwei Seiten, die zum selben Teil gehören)

Da haben wir es wieder: Die Gegensätze. Die Polarität bedeutet, dass zu jedem Ding ein passendes Gegenstück existiert. Männlich, weiblich. Groß, klein. Licht, Dunkelheit. Ohne das Licht kann die Dunkelheit sich nicht erkennen. Ohne das Große, könnte sich das Kleine nicht definieren. Ohne Männer, wüssten Frauen nicht, dass sie Frauen sind. Außerdem gäbe es keinen Nachwuchs.

Das Prinzip der Polarität hat Mephisto in Goethes „Faust" sehr schön ausgedrückt: Ich bin ein Teil jener Kraft, die Böses will und Gutes schafft. Was will er damit sagen? Goethe wusste, dass es keine nur schlechten und keine nur guten Menschen gibt – auch wenn es den Anschein hat. Jedes Böse birgt in seinem „Schatten" das Gute und umgekehrt.

Nehmen wir mal einen Menschen, der gerne nur gut ist. Er macht und tut für andere, ist sozial engagiert, religiös und immer fröhlich. Und dann wird plötzlich publik, dass dieser nette Nachbar ein Kind missbraucht oder jemanden umgebracht hat. Was ist denn da passiert?
Meiner Meinung nach ganz einfach: Der nette Typ von nebenan hat versucht, nur seine positiven Seiten zu leben. Die negativen Seiten, die in jedem Menschen ebenfalls vorhanden sind, hat er kurzerhand in den „Schatten" geschoben. Das heißt, alles, was ihm Angst gemacht hat, alles was er an sich hasste, was nicht zu seinem „guten" Selbstbild gehörte, hat er verdrängt. Und dann kam ein besonderer Tag und eine besondere Situation und - Zack. Alles was verdrängt war, bahnte sich mit Brachialgewalt seinen Weg nach außen. Der freundliche Nachbar wurde von sich selbst quasi völlig überrumpelt, konnte nichts mehr kontrollieren. Es passierte das Schlimmste, das er sich selbst vorstellen konnte.

Zwei Seiten eines Menschen. Heißt das jetzt, dass wir Gewaltphantasien offen ausleben sollen, weil sie eben als negative Energien zu uns gehören? Nein. Es heißt, dass wir sie erkennen und annehmen sollen, als zu uns gehörend. Wenn es extreme Negativtendenzen sind, kann man entweder bewusst damit umgehen lernen – am besten mit Hilfe von Fachleuten - oder man kann sie transformieren. Während der Transformation werden Muster und Verhaltensweisen vom Negativen ins Positive umgewandelt und beide Seiten im Wesen integriert. Fortan werden sie als Lernaufgaben nicht mehr benötigt.

Wer beispielsweise nicht neidisch ist, braucht eben den Neid nicht als Lernaufgabe und versteht auch nicht, dass es neidische Menschen gibt. Wer den Neid hat, ihn aber nicht will, kann herausfinden, was hinter diesem Gefühl steckt und sich für die Transformation entscheiden.
Noch ein schönes Beispiel: Ein Mann hat erkannt, dass er ein Macht-Problem hat und bearbeitet daraufhin diese Schattenseite. Allerdings von der Ratio aus, nicht durch Gefühl und Intuition. Im Bearbeiten dieser Schattenseite hat er das Problem nicht transformiert, sondern nur verschoben. Anschließend setzt er die Macht, so wie er sie vorher ausgeübt hat, zwar nicht mehr ein, aber erfolgreich war er trotzdem nicht. Sein Macht-Einsatz besteht jetzt darin, dass er sich bewusst oder unbewusst über andere stellt. Er weiß alles besser, er kann alles besser, er gibt zu allem seinen Senf dazu, ob es angebracht ist oder nicht und er beharrt stur auf seiner Meinung.

Dieses Beispiel zeigt, dass selbst das Erkennen von Schattenseiten und das Bearbeiten derselben nicht immer von Erfolg gekrönt ist. Deshalb ist es wichtig, seine „Spiegel" zu betrachten. Das sind die Menschen, deren Eigenschaften uns nerven, ärgern, frustrieren. Daran erkennen wir die in uns verborgenen Schattenseiten (oder Lernaufgaben). Sie zeigen den Pol in uns, den wir an uns selbst nicht wahrnehmen. Dieselben menschlichen „Spiegel" gibt es natürlich auch für alles, was wir an uns mögen.

Soviel zu den sieben hermetischen Prinzipien im kleinen Überblick. Wer sich damit tiefer beschäftigen möchte, findet in der Literaturliste am Ende des Buches einen Tipp. Alles Leben ist geprägt von diesen kosmischen Gesetzen. Sie gehören zu unserer Natur, ob wir sie wahrnehmen oder nicht. Ihre Auswirkungen bekommen wir jedenfalls tagtäglich zu spüren. Lassen wir uns darauf ein und achten mehr auf uns und unsere Umwelt, sind wir schon die ersten Schritte auf dem Weg der Naturreligion gegangen.

Was begegnet uns auf diesem Weg?
Wenn ich den Alten Weg aus vollem Herzen gehe, werde ich bewusster mit mir und mit meiner Umwelt. Es begegnet mir immer das, was ich aussende – egal ob ich spirituell bin, oder nicht. Das sind einfach die kosmischen Gesetze, denen sich niemand entziehen kann. Wenn ich aber naturreligiös unterwegs bin, erkenne ich, was hinter den Dingen steckt.
Sende ich innere Zufriedenheit aus, wird vieles von dem, was auf mich zukommt, wiederum die Zufriedenheit stärken. Sende ich Wut aus, werden mir viele Situationen und Menschen begegnen, die diese Wut weiter anfachen. Versuche ich die Wut zu verdrängen, bahnt sie sich ihren eigenen Weg. Ich muss sie also auflösen. Das mache ich, indem ich sie anschaue, sie frage, warum sie gerade jetzt und gerade in dieser Situation in mir hochkommt. Was will sie mir sagen? Wie soll ich sie bearbeiten?
Wenn ich mich damit beschäftigte, beispielsweise durch Meditation, kommen Antworten und ich kann diese Emotionsform transformieren. Es gibt dann sicher noch Dinge die mich irgendwie ärgern oder auch wütend werden lassen, aber hundertprozentig nicht mehr in dem Maß wie vorher.
Fazit: Ich begegne auf dem Alten Weg vor allem mir selbst. Das heißt Arbeit an sich – die sich aber wirklich lohnt.

III. Heiden (Pagane) und Hexen

III.1 Heiden/Pagane

Als Heiden wurden Menschen bezeichnet, die keiner monotheistischen Religion angehörten, die also nicht an „einen Gott" glaubten. Und traditionell haben die Anhänger von Ein-Gott-Religionen den Heiden einfach unterstellt, sie seien ungläubig.

Es war wohl auch beabsichtigt, dass das Wort „Heide" nach und nach einen sehr negativen Beigeschmack bekommen hat. Der Sinn des Wortes erweiterte sich vom „Ungläubigen" zum „Unwissenden". Der Heide wusste ja nichts von der großen göttlichen Macht. Die als Heiden bezeichneten Stämme und Völker glaubten sehr wohl – allerdings anders und das konnten die Missionare wohl nicht tolerieren. Menschen, die sich als Heiden/Pagane bezeichnen, glauben noch heute an eine Vielzahl von Göttern - und an die beseelte Natur (Animismus). Dieser Glaube entstand in dem Moment, als der Mensch sein Bewusstsein entwickelte. Und das war vor mehreren zehntausend Jahren, also lange bevor die monotheistischen Religionen ihre Missions- und Kreuzzüge starteten. Das Heidentum beherbergt den Ur-Glauben weltweit – von Asien über die heutigen europäischen Länder bis nach Westen auf den amerikanischen Kontinent.

Aber schauen wir zunächst einmal in den Norden und entdecken hier den Ur-Glauben, dessen erste Impulse sich vor über 40.000 Jahren regten. Dieser Ur-Glaube entstand, als die Menschen sich als Teil der Natur verstanden. Sie beobachteten die Phänomene des Wachsens und des Sterbens, des Sonnenauf- und -untergangs, etc. und leiteten daraus ab, dass die Natur beseelt sein muss. Andernfalls wären die Wunder, die ihnen jeden Tag begegneten nicht möglich. Jede Pflanze, jeder Baum, jedes Tier, der Wind, die Gewässer und die Sterne am Himmel mussten ihren eigenen Geist haben. Auch wenn man ihn nicht sehen konnte, war er da. Aus diesem Glauben heraus agierten die Schamanen, wenn sie Kontakt mit den Geistern aufnahmen, um geeignete Heilmittel zu erfahren.

In den nordischen Ländern entwickelte sich sehr viel später die Vorstellung des Lebensbaumes (Yggdrasil) mit seinen neun Welten und deren Bewohnern. Riesen, Fruchtbarkeitsgötter (Wanen), patriarchalische Götter (Asen), Schicksalsweberinnen und natürlich die Menschen leben in diesen Welten. Dieser Glaube nennt sich unter anderem Asatru, also „Glaube an die Götter", oder „Den Asen treu" und ist noch heute n den nordisch-skandinavischen Ländern ganz gewöhnlich und sehr lebendig. Als Asen werden die Hauptgötter der nordischen Götterwelt bezeichnet. Sie erschufen die Menschen und wohnen in Asgard, der Götterwelt, die in der Krone der Weltenesche Yggdrasil liegt. Ihr oberster Boss heißt Odin, auch Wotan genannt. Den Asen zur Seite steht das Göttergeschlecht der Wanen, das noch älter ist, als die Asen und größtenteils aus Fruchtbarkeitsgöttern besteht. Sie bewohnen die Welt Vanaheim. Die Menschen hingegen leben in Midgard, das etwa in der Mitte der Weltenesche angesiedelt ist. Und in Utgard finden wir die Riesen, die auf Ragnarök, also den Untergang der Welt und der Götter hinarbeiten. In der „Edda" finden wir die Geschichte über das Entstehen der Welt, der Götter und ihren Werdegang in Reimen wieder. Die Edda wird als eine Art Bibel der Heiden angesehen, wobei der Vergleich hinkt (siehe die Wikipedia-Beschreibung), denn die Edda, wie wir sie kennen, wurde erst nach der Christianisierung aufgezeichnet.

Nun ist es nicht so, dass es überall ein anderes Heidentum gab. Nein, es gab das Heidentum, in dem alle Menschen von einer beseelten Natur ausgingen und die Götter, die von Kultur zu Kultur verschiedene Namen trugen, was im Wesentlichen auf den verschiedenen Sprachen beruht. Denn im Grunde sind sich die Götter sehr ähnlich und geprägt vor allem durch bestimmte menschliche Aspekte. Als kraftstrotzender, Hammer schwingender und Blitze schleudernder Donnergott beispielsweise hat sich Thor (oder Donar) in der germanischen Götterwelt seinen Platz gesichert. Bei den

> *Als Edda werden zwei verschiedene auf Altisländisch verfasste Werke bezeichnet.*
>
> *Ursprünglich kam dieser Name nur einem Werk des Snorri Sturluson (♱1241) zu, das dieser um 1220 für den norwegischen König Hákon Hákonarson und den Jarl (Herzog) Skúli verfasste.*
>
> *Es ist ein Lehrbuch für Skalden (die altnordische Bezeichnung für „Dichter") und gliedert sich in drei Teile, deren beide erste die mythologischen und sagenmäßigen stofflichen Grundlagen der Skaldendichtung unter Benutzung alter mythologischer Lieder und Heldenlieder in Prosa nacherzählen.*
>
> *Der dritte Teil, das „Strophenverzeichnis", bringt für jede Strophenform ein Beispiel. (Quelle: Wikipedia)*

Kelten heißt er Taranis, bei den Griechen kommt er Zeus sehr nahe, die Hethiter nennen ihn Tarhunna und die Inder Indra. Dieser Wettergott kann zwar ganz schön auf die Pauke hauen, wenn es sein muss. Auf der anderen Seite gilt er aber als sehr menschenfreundlich. Auch wenn Thor eher als Saufnase und ungehobelter, rotbärtiger Hüne dargestellt wird und Zeus als würdiger und erhabener älterer Herr, der dem weiblichen Geschlecht sehr zugetan ist - sie versehen trotzdem ihren Wetterdienst am Menschen.

Zu den Göttern, die von Naturreligiösen verehrt werden, gesellen sich die Geister der Erde, der Pflanzen, der Tiere, der Mineralien und der Ahnen, die Elfen, Feen, Zwerge, Trolle, Dämonen... Denn, wie gesagt, unsere Erde ist beseelt und von Wesen bewohnt, die wir mit unseren „fünf Sinnen" nicht wahrnehmen können.

Unsere Tiere haben Seelen und wenn wir ihnen in die Augen schauen, wissen wir es. Mineralien und Pflanzen haben eine Seele, auch wenn wir diese nicht sofort erkennen. Heiler wissen es und arbeiten von je her damit. Hahnemann wusste es und entdeckte die Homöopathie. Edward Bach wusste es – er war Pflanzengeist-Experte und entwickelte die Bachblüten-Therapie. Und Hexen wissen es natürlich und wenden das natürliche Heilen an. Und die Schamanen. Und die Druiden. Aber dazu später mehr.

Werfen wir erst einmal einen kurzen Blick auf die beiden verschiedenen Religionsarten:

III.2 Ein Gott oder viele Götter:

Monotheisums, oder der eine Gott im Christentum:
Als monotheistische Religion nenne ich das Christentum, da es die Religion ist, die wissentlich am weitesten verbreitet ist und mit der sich derzeit rund 32 Prozent aller Menschen auf der Erde (laut Katholisches.Info, Stand Dezember 2012) von Kindheit an mehr oder weniger befassen.

Die christliche Religion geht davon aus, dass es einen Gott gibt, der alle Menschen sieht und beurteilt. Er hat alleine die Welt geschaffen und sie den Menschen zur Verfügung gestellt. Er alleine beurteilt Gut und Böse. Und nach dem jetzigen Leben werden die Christen von ihm beurteilt. Er wird gerne als „Vater" bezeichnet (Vaterunser). Allerdings auch als Sohn und als Heiliger Geist. Also doch nicht nur einer? Doch. Ein Gott, der aus diesen drei Daseinsformen besteht. Mit der Erklärung dieser Trinitätsdarstellung hatten schon die Gelehrten in der Antike ihre Probleme. Dieser Gott hat Gebote erlassen, an die sich die Christen halten müssen. Tun sie es nicht, droht Strafe im Jenseits.

Es gibt die Sakramente, im Katholizismus mehr als bei den Protestanten, und die sind Zeichen des Heils oder des Heilsweges. Die darf traditionell nur der Priester oder Pfarrer bzw. ein besonders beauftragter Mensch (Prädikant) spenden.

Im Monotheismus ist er es, der quasi die Verbindung zwischen dem Menschen und Gott herstellt.

Gott ist männlich, der Sohn ist männlich, nur der Heilige Geist ist auch weiblich. Immerhin! Allerdings wird das, was 1991 von der Professorin Chung Hyun Kyung in einer ergreifenden Rede in Canberra dargelegt und von den Mitgliedern des ÖRK (eine Gemeinschaft von Kirchen, die Jesus Christus gemäss der Heiligen Schrift als Gott und Heiland bekennen und darum gemeinsam zu erfüllen trachten, wozu sie berufen sind, zur Ehre Gottes, des Vaters, des Sohnes und des Heiligen Geistes) auch akzeptiert wurde, nur selten kommuniziert. Somit bleibt Maria die einzige von allen akzeptierte Frau, die bei der Gründungsgeschichte des Christentums mitwirkte. Und sie spielt eine untergeordnete Rolle. Die ungleichmäßige Geschlechterverteilung (vereinfacht gesagt, denn Gott wird nun mal immer als männlich dargestellt), spiegelt sich in der patriarchalischen Verhaltensweise zumindest der Katholischen Kirche wieder. Ebenso wie in anderen monotheistischen Religionen, dem Islam beispielsweise.

Was aber passiert nun?
In einer Kultur, in der ein Geschlecht unterjocht wird, kann kein „Ganzes" hergestellt und damit kein Friede werden. Nimmt man, wie es meist der Fall ist, die weibliche Seite, die hier das Nachsehen hat, schauen wir in eine Kultur, die vor allem von den männlichen Prinzipien beherrscht wird: Tatkraft, Vorwärtsstreben, Aggression, Kopflastigkeit. Die weiblichen Prinzipien wie ruhende Kraft, Besonnenheit, Sanftheit, Gefühl haben kein Gewicht. Wen wundert es da, dass in diesen Ländern die Sprache des Schwertes gesprochen wird, wenn dort ganze Völker ausgerottet werden – meist im Namen der Religion, wenn dort „heilige Kriege" geführt werden. Dieser Begriff ist ein Widerspruch in sich, denn welcher Krieg hat jemals (göttliches) Heil gebracht?

Da der andere, der weibliche und ausgleichende Pol unterdrückt wird, kann sich kein Gefühl für das entwickeln, was wirklich gebraucht wird und wichtig ist. Somit wird eine solche Kultur sich immer im Kampf befinden, solange, bis sie den unterdrückten Pol befreit und die ihm zustehende Gleichberechtigung anerkennt.
Im Christentum fanden die Hochzeiten ausufernder Gewalt während der Kreuzzüge (11. bis 13. Jh.) und vor allem in der Inquisition und Hexenverfolgung (13. bis 18. Jh.) statt.

Eine Monotheistische Religion (Judentum, Christentum, Islam) ist nach meinem Gefühl auf starre Gesetze, Hörigkeit und Unterwürfigkeit aufgebaut. Sie arbeitet mit Schuldgefühlen und mit der Suggestion, dass die Angehörigen dieser Religion nur durch die Zuwendung dieses göttlichen Wesens etwas wert sind. Konkrete Antworten indes bleibt Gott schuldig, hier heißt es dann, seine Wege sind unergründlich.

Vielgötterei (Polytheismus):
Die Glaubensvorstellungen unserer keltischen und germanischen Vorfahren zu beschreiben, ist aus mancherlei Gründen sehr schwer. Zum einen war der Glaube in keiner Weise dogmatisch festgelegt und somit für jeden Wandel offen. Zum ande-

ren wurde der Glaube von je her mündlich weitergegeben. Daher konnte er von jedem Schüler, Clan und Stamm basierend auf den natürlichen Gegebenheiten der Umwelt ergänzt, erweitert und auch verändert werden. Im Laufe der Zeit sind so sicher auch ähnliche Vorstellungen verschiedener Kulturkreise eingeflossen, und haben sich vermischt.

Der Unterschied zum Monotheismus ist einerseits, dass hier die ganze Last der Schöpfung nicht auf den Schultern eines Gottes lastet. Aber es gibt noch andere gravierende Unterschiede: In polytheistischen Religionen wie dem Hinduismus oder dem Alten Weg können auch normale Menschen mit ihren Göttern Kontakt aufnehmen. Es gibt zwar Priester, die haben aber meist eine Lehrerfunktion, leiten Rituale oder werden bei speziellen Anliegen zu Rate gezogen. Es gibt Techniken, mit denen jeder mit den göttlichen Energien Kontakt aufnehmen und Antworten auf seine Fragen erhalten kann. Zudem ist der Glaube an Wiedergeburt bei polytheistischen Kulturen sehr stark.

Bei den Göttern gibt es in allen Kulturen männliche und weibliche, die in den meisten Fällen gleichwertig sind.
Aufgrund einiger vorhandener Überlieferungen gehen wir davon aus, dass für die Urvölker die Götter zwar überaus mächtig, aber doch auch menschenähnlich waren. Deshalb finden wir beispielsweise im Ägyptischen, Griechischen, Germanischen, und Römischen eine Vielzahl von Göttern, die sehr menschliche Züge tragen. Sie sind jähzornig, liebestoll, rachsüchtig etc. Andererseits sind sie beschützend, fürsorglich, schenken Heilkräfte und vieles mehr.
Jeder Gott und jede Göttin hat also einen eigenen Charakter und steht für mehrere Eigenschaften und Funktionen, wobei sich oft eine Hauptaufgabe besonders herauskristallisiert.

Bleiben wir mal bei Thor, der bei den Germanen für das Wetter zuständig war. In seinem Nebenjob schützte er die Ernte und das Vieh, weshalb er auch als

„Bauerngott" hohes Ansehen genoss. Damit er für eine gute Ernte sorgte, das heißt also Regen und Sonne zur rechten Zeit schickte, wurden Rituale gefeiert und Opfergaben dargebracht. Wobei die Opfergaben aus dem bestanden, was sich der Bauer zum Überleben von Thor wünschte, also Früchten, Getreide, Gemüse etc. Es war also so, dass die Menschen an Mächte glaubten, die - ihnen ganz ähnlich - entweder wohl gesonnen waren, oder auch mal einen Strich durch Rechnung machen konnten. Deshalb war es gut, sie freundlich zu stimmen, um das zu erreichen, was man wollte. Eine Aufgabe für die Priesterin, die Schamanin oder die alte Weise eines Stammes. Sie bat um fruchtbare Felder, den erfolgreichen Kampf oder was auch immer. Sie holte sich aber auch Rat bei den Göttern ein. Sie leitete Rituale, zum Beispiel während der Jahreskreisfeste, und war außerdem Lebensberaterin und Heilerin.

Man nimmt heute an, dass es in der Frühgeschichte immer eine Frau war, die diese Aufgabe übernahm. Und das hatte wohl seinen guten Grund. Denn sie war diejenige, die am besten über die Eigenschaften der Natur Bescheid wusste, die größten Kräuterkenntnisse besaß und in die Zukunft schauen konnte. Während die Männer auf die Jagd gingen, um die Familie, den Clan zu ernähren, beschäftigten sich die Frauen mit den Naturphänomenen in jeder Form. Sie waren im Prinzip schon damals das, was später Hexe genannt wurde.

Für mich, wie für viele meiner Begleiter in der Naturreligion, ist es schlüssig, dass Götter verschiedene Aspekte eines universellen Geistes darstellen. Dieser universelle Geist hat viele Namen: Große Mutter, Allvater, „Alles was ist" oder ähnlich. Gemeint ist die schöpferische Energie des Universums, mit der wir alle verbunden sind. Da wir Menschen alle Dinge gern beim Namen nennen, ist es nicht verwunderlich, auch den vielen Aspekten unserer Persönlichkeit und unserer Seele Namen zu geben. Die Entsprechung dazu ist gleichzeitig im Außen angelegt, in Form der Götter, damit es uns leichter fällt, mit unserer Seele und der universellen Energie zu kommunizieren. Denn im Grunde ist alles, was „da draußen" ist, auch in uns selbst enthalten. Nach dem Prinzip „wie im Makrokosmos so im Mikrokosmos" (hermetisches Gesetz „wie außen so innen"). Alle Götter, die wir uns irgendwo im Universum vorstellen, sind als Aspekte unserer Seele in uns selbst enthalten.

Davon ausgehend, wird klar, warum heidnische Götter kein Interesse daran haben, „ihre Kinder" leiden zu sehen. Sie wünschen ihnen vielmehr ein Leben in Harmonie, Freude und Fülle. Allerdings haben sie auch ein großes Interesse an unserem geistigem, seelischem Wachstum. Und das lassen sie die Spezies Mensch immer wieder deutlich spüren. Denn die meisten von uns sind mit Ängsten, Blockaden, Vorurteilen etc. beladen. Deshalb funktioniert die Entwicklung oft nur über ein Problem, an dem wir kräftig zu knabbern haben. Wir versuchen uns zwar heraus zu winden, wir hadern mit unserem Schicksal, wir jammern, weinen, schreien. So könnten wir – wenn wir wollten - unser Leben verbringen und immer tiefer in unser Elend rutschen, das uns keinen Schritt weiterbringt. Im günstigeren Fall allerdings werden wir uns irgendwann aufraffen und unser Problem angehen. Das ist vielleicht jetzt etwas schwieriger und dauert länger, weil wir zuvor so viel Zeit mit Selbstmitleid, Umwegen usw. vergeudet haben. Aber wir gehen ran. Und wer hat es nicht schon selbst erlebt: Plötzlich tauchen von irgendwoher Helfer auf, man sieht wieder das Licht am Ende des Tunnels und weiß plötzlich wie von selbst, was zu tun ist. Ist die Krise bewältigt, geht uns ein Kronleuchter auf. Wir sehen völlig klar, was zuvor durch unser enges Denken und Handeln verborgen war und wir haben wieder eine weitere Entwicklungsstufe erreicht.
Jetzt könnten wir uns ja ausruhen... Doch jedes Stehenbleiben bedeutet Stagnation - und da der Fluss des Lebens dann an uns vorbeiziehen würde, bedeutet es sogar Rückschritt. Rückschritt ist aber im Universum gänzlich unbekannt und daher auch nirgends vorgesehen. Deshalb Augen auf! Wo ist die nächste Aufgabe, der man sich stellen sollte. Je früher desto besser, weil einfach leichter.

Fazit: Naturspirituelle auf dem Alten Weg glauben üblicherweise nicht an ein von fremder Macht gelenktes Schicksal, an Zufälle oder ähnliches. Sie glauben an ein selbst bestimmtes Leben, in dem die eigene göttliche Seele die Lernaufgaben stellt und gleichzeitig alles Notwendige bereithält, um die selbst gestellten Prüfungen zu bewältigen. Die Götter (= Aspekte der Seele) helfen uns dabei, wenn wir uns ihnen offen und intuitiv zuwenden. Wir haben es in der Hand, ob wir leiden oder nicht.

Wo wir gerade bei den Göttern sind, will ich einige wichtige hier kurz vorstellen: Die naturspirituellen Frauen und Männer, die ich kenne, glauben in erster Linie an die Große Göttin, die dreifach dargestellt wird, und an ihren Gefährten, den Gott. Die beiden gehören zusammen, denn ohne das Männliche kann das Weibliche nicht existieren und ohne das Weibliche das Männliche nicht. Kein Geschlecht ist mehr oder weniger wert, als das andere.

In der dreifachen Göttin sehen Hexen und Heiden das spirituelle Leben in seiner ganzen Erscheinungsform. Sie begleitet uns durch alle Jahreszeiten. Als Jungfrau im Frühjahr und Frühsommer, als Mutter im Sommer und Frühherbst und als Alte Weise im Herbst und im Winter. An ihr sehen wir den ewigen Kreislauf des Lebens.

Symbol für die dreifache Göttin

Sie tanzt, sie lacht, sie vereint sich mit dem jungen Gott. Sie wird Mutter, bringt die Fülle in das Leben der Menschen und entwickelt sich zur Alten Weisen, die alles gesehen, alles erlebt hat und nun Innenschau hält, ihr Wissen weitergibt und die Ruhe zurück in ein rasantes Leben bringt. Bis sie an Imbolc wieder zur jungen Frau transformiert und als Frühlingsgöttin zu uns kommt. Der Kreislauf beginnt von vorn.

Ihr Gefährte und Sohn durchläuft ebenfalls eine Wandlung. Er wird vom jungen, ungestümen Wald-Gott zum Sonnengott, der für Wachstum auf den Feldern sorgt bis hin zum Gott, der in die Unterwelt, also im Prinzip zu den Ahnen hinabsteigt, um anschließend wiedergeboren zu werden.

Neben der Großen Göttin und ihrem Gefährten verehrten Naturreligiöse von je her eine große Zahl an weiblichen und männlichen Göttern. Wie bereits in vorherigen Kapiteln beschrieben, hatten diese zwar unterschiedliche Namen, aber dieselben Aspekte. Verzeiht, wenn ich hier nur auf einige wenige germanische „Haupt-Götter" eingehe und das auch nur in aller Kürze. Dieses Thema ist in anderen Büchern bereits sehr gut bearbeitet (siehe Literaturteil: Weltenesche – Eschenwelten von Voenix).

Odin/Wotan: Wird auch als Allvater bezeichnet. Er ist der oberste aller Asen, der Weise und Herrscher, der Schamane und Magier. Er steht für die Innenschau und für Transformation. Seine Raben Hugin und Munin fliegen jeden Tag in die Welt und bringen ihm die neuesten Nachrichten. Damit unterscheidet er sich von dem Gott in der monotheistischen Religion, der selbst alles sieht und weiß, ohne dass er Boten benötigt. Wie alle Götter, hat auch der Chef von allen menschliche Züge. So ist er dem weiblichen Geschlecht sehr zugetan und zeugt etliche Kinder mit unterschiedlichen Göttinnen. Im Tausch für die Weisheit gab er eines seiner Augen und als Kriegsgott ehrt er diejenigen seiner Kämpfer, die sich tapfer geschlagen haben und in der Schlacht gefallen sind. Er hat, wie die Menschen, helle und dunkle Seiten. Zu den dunklen Seiten zählen beispielsweise das Einsetzen von List und Lüge, um sein Ziel zu erreichen, oder der gezielte Einsatz von Zaubersprüchen, um Feinde zu täuschen oder Frauen zu betören.

Frigg ist die Göttermutter und Odins Gemahlin. Sie ist die oberste aller Asinnen und steht für weibliche Intuition, weibliche Stärke, Geduld, Bewahren und Weisheit. Sie kennt die Schicksale aller Götter und Menschen, weshalb Odin sie oft um Rat fragt. Hierbei zeigt sich wieder die natürliche Ordnung, in der das Männliche nicht ohne das Weibliche (und umgekehrt) sein kann. Frigg bezieht ihr Wissen und ihre Weisheit vermutlich direkt aus dem Ur-Meer und hier sind wir wieder bei der weiblichen Intuition und dem Gefühl, denen das Wasser zugeordnet ist.

Thor/Donar: Wer kennt nicht Thors Hammer? Ein Symbol, das viele Naturspirituelle gerne tragen, welches allerdings auch von Rechtsradikalen für ihre Zwecke missbraucht wird und dadurch zu Unrecht verrufen ist. Thor ist ein Sohn Odins und sowohl der stärkste als auch größte Ase. Man kennt ihn vor allem als Donnergott. Er steht für Stärke, Männlichkeit, Kampf, Fruchtbarkeit und natürlich das Gewitter. Man sieht in ihm einen zwar jähzornigen aber auch gutmütigen, manchmal naiven Gesellen, der auf der einen Seite schnell mal mit seinem Hammer (mit Namen Mjölnir) draufhaut, andererseits aber auch die Menschheit davor bewahrt hat, dass sie von der Midgardschlange verschlungen wird.

Thors Hammer Mjölnir

Freyja ist die Liebesgöttin schlechthin. Sie gehört zum Geschlecht der Wanen* und steht für Erotik, Zärtlichkeit, Liebe, Freude und Schönheit, aber auch Stolz, Kraft und Selbstbewusstsein. Als Liebesgöttin bringt Freyja das Geschenk der körperlichen Sinnenfreuden zu den Menschen, um ihnen zu ermöglichen das Göttliche für kurze Augenblicke zu erfahren. Sie ist aber auch Kriegerin. Als Walfreyja zieht sie in die Schlacht und bekommt als oberste der Walküren die Hälfte der gefallenen Krieger in Walhall. Die andere Hälfte fällt Odin zu.

Die Walküren sind Odins Töchter und Schutzgeister in menschlicher Gestalt. Sie geleiten die Seelen der gefallenen Krieger vom Schlachtfeld nach Walhall. Dargestellt werden sie mit Helm, Schwert und Schild. Bevor sie zu diesen helfenden Geistwesen wurden, hielt man die Walküren für dunkle Totendämonen, die sich am brutalen Gemetzel der Krieger erfreute und Vampiren gleich deren Blut tranken. Dadurch wurden die Lebenskräfte der Gefallenen absorbiert.
Im Laufe der Jahrhunderte wandelten sich diese archaischen Züge in eine von den Sterbenden sehnlich erwartete Schönheit (Quelle: Voenix: Weltenesche - Eschenwelten, 1999, ISBN 3-927940-54-2). Das wiederum zeigt, wie bereits oben beschrie-

ben, den Wandel, der innerhalb des Glaubens im Laufe der Jahrhunderte stattgefunden hat.

Freyr ist Freyjas Bruder und in den keltischen Gruppen als Cernunnos, der Wald-Gott, bekannt. Er ist ein gehörnter Gott und wird gerne als kapitaler Hirsch dargestellt. Damit zeigen sich auch seine Hauptaspekte: Zeugungskraft, Potenz und Fruchtbarkeit. Als Vegetationsgott lebt er im Wald und ist für das Wachstum in der Natur zuständig. Er symbolisiert die männlich befruchtende Energie, durch die Wachstum und Leben erst möglich wird.

Loki ist vermutlich als Tunichtgut, Lügenbold und Intrigant ebenfalls gut bekannt. Er überschätzt sich gerne selbst und bewirkt dadurch Unheil für andere. Loki ist ein Feuergott, ausgestattet mit hervorragender Ausdruckskraft und einer gefährlichen Intelligenz. Zu seinen Aspekten zählen daher Niedertracht, Intrigen, Gerissenheit sowie die Faszination des Bösen.

Baldur ist im Gegensatz zu Loki ein Lichtgott. Sein Vater ist Odin, seine Mutter Frigg. Er steht für Sanftmut, Schönheit, Edelmut, Frieden und Toleranz. Baldur gilt als Inbegriff des Guten und Feind jeden Unrechts. Er verfügt überdies über Weisheit und eine hervorragende Rhetorik, doch leider fehlt ihm die nötige Durchsetzungskraft, weshalb kaum jemand auf seine Ratschläge hört. Seine Ermordung zieht als Konsequenz Ragnarök, also den Untergang, nach sich.

Hel ist die Herrscherin der Totenwelt und in Helheim am Fuße der Weltenesche zu finden. Die dunkle Göttin steht für alles, was mit Loslassen und Abschied zu tun hat. Eine Vorstellung von Hel ist, dass sie in ihrer Welt alle Toten aufnimmt, außer den ehrenhaft gefallenen Kriegern, die direkt in Walhall einziehen. Die Seelen kocht sie in ihrem Kessel ordentlich durch, um sie von „Altlasten" zu befreien, bevor sie sie in die nächste Inkarnation schickt. Damit übernimmt Hel die wichtige Aufgabe der Transformation vom Tod zum Leben.

Die Drei Nornen: Sie sind die weisen Schicksalsfrauen mit Namen Urd (Vergangenheit), Verdandi (Gegenwart) und Skuld (Zukunft), die die Schicksalsfäden eines jeden Einzelnen weben. Das macht sie zu ganz besonderen Wesen, die außerhalb der Zeit und noch über den Göttern stehen. Im Prinzip aber zeigt sich auch hier wieder die Göttin in ihren drei Gestalten als Jungfrau (Skuld), Mutter (Verdandi) und Alte Weise (Urd). Doch, wie bereits gesagt, die Nornen zählen nicht zu den Göttinnen. Sie sind die Schicksalsweberinnen, die am Urd-Brunnen, dem Brunnen allen Lebens, an den Wurzeln der Weltenesche wohnen.

Bei Urd, die Ältesten, beginnt der Faden. Sie bewahrt die Erinnerungen an die Ahnen und deren Wirken, Verdandi webt den Faden weiter im Hier und Jetzt, in den alles einfließt, was derzeit geschieht und Skuld ist die Richtung, in die es geht. Dabei ist zu bedenken, dass unser Schicksal zwar eine gewisse Richtung hat, aber nie festgeschrieben ist. Wir sind keine Marionetten sondern haben unser Leben selbst in der Hand. Je besser wir allerdings die Richtung halten, die unsere Seele vorgegeben hat, desto angenehmer unser Leben.

Die drei Nornen sorgen auch dafür, dass die Wurzeln des Yggdrasil nicht zu faulen beginnen, denn damit wäre das Leben aller neun Welten, die von Göttern, Menschen und Riesen bewohnt werden, bedroht. Sie sind also auch Bewahrerinnen. Die drei Nornen stehen unter anderem für Schicksal, Geburt, Orakel, Werden, Sein und Vergehen.

Asen und Wanen

Der Unterschied zwischen Asen und Wanen: Die Wanen sind das ältere Göttergeschlecht und bestehen hauptsächlich aus friedliebenden Fruchtbarkeitsgöttern. Sie entstanden vermutlich zu einer Zeit, als die ersten Menschen sesshaft wurden und die Erde bewirtschafteten. Erst viel später traten die Asen auf, die hauptsächlich aus Krieger-Göttern bestehen. Odin als oberster Ase brach den ersten Krieg zwischen den beiden Götter-Geschlechtern vom Zaun. Doch beide waren gleich stark, weshalb es irgendwann zu einem Friedenspakt kam, zu dem auch gehörte, dass Mitglieder der beiden Götter-Geschlechter vermählt oder als „Pfand" ausgetauscht wurden.

Die hilfreichen Aspekte im Leben:
Warum ist es nützlich, die Götter zu kennen und beispielsweise im Ritual oder auch sonst, in sein Leben zu rufen? Nun, wie wir anhand der wenigen vorgestellten Götter gesehen haben, hat jeder einzelne seine speziellen Merkmale. Diese kann ich in meinem Alltag nutzen. Brauche ich vielleicht Mut und Tatkraft, weil ich ein Neues Projekt in Angriff nehmen will, könnte ich mich mit dem Aspekt Thor verbinden. Fehlt die Liebe in meinem Leben, sollte ich Freyja oder Freyr anrufen.

Alle germanischen/keltischen/nordischen Götter sind Wesen mit menschlichen Zügen. Sie haben zwar übermenschliche Kraft, aber charakterlich sind sie dem Menschen ebenbürtig und sie sind keine „allmächtigen" Wesen. Sie haben ihre Schwächen, machen Fehler oder missbrauchen ihre Macht. Das hat zur Folge, dass sie – wie die Edda es berichtet – irgendwann untergehen müssen. Es wäre eine logische Konsequenz aus ihrem Verhalten. Im Ragnarök sollen Naturkatastrophen die Götter sowie die Menschenwelt heimsuchen. Alle Unholde, die bisher schliefen oder in Schach gehalten wurden, reißen sich los und blasen zur großen Schlacht. Und dabei haben die Götter schlechte Karten. Zwar soll es ihnen gelingen, Midgardschlange, Fenrir-Wolf und Konsorten zu töten, doch dabei lassen auch sie selbst ihr Leben.

Solche apokalyptischen Vorstellungen existieren bereits in den ältesten Mythologien und bezeichnen im Prinzip den Untergang des Bestehenden, mit dem Ziel auf einer höheren Ebene neu zu beginnen. Damit sind wir wieder bei dem ewigen Kreislauf von Werden und Vergehen.
Auch im Symbol der Großen Göttin ist dieser Zyklus dargestellt. Es besteht aus dem zunehmenden, dem vollen und dem abnehmenden Mond.

III.3 Hexen

Ach ja, die Hexen. Wofür sie nicht alles verantwortlich gemacht worden sind. Kleine Kinder haben sie gefressen. Dem Teufel das Hinterteil geknutscht. Die Ernte haben sie ihren armen Mitmenschen verhagelt und sogar die Kühe verzaubert, damit sie keine Milch mehr gaben. Das müssen schon schreckliche Personen gewesen sein, diese Hexen. „Dank"

Pentagramm

der Inquisition ist diese Art von Leuten (es waren neben Frauen auch viele Männer und Kinder darunter) ausgerottet worden und mittlerweile Geschichte.

Tatsächlich gehören solche Art Hexen, wie sie in Märchenbüchern beschrieben und von der Inquisition „überführt" wurden, ins Reich der Sagen. Was hätten Hexen auch davon gehabt, wenn sie den Bauern die Ernte verhagelt hätten? Und wer um alles in der Welt kommt auf die Idee, freiwillig einen behaarten Hintern zu küssen?

Aber diese Themen möchte ich hier nicht ausführlich behandeln, denn es gibt mittlerweile viele hoch interessante Bücher (siehe auch Anhang), die ausführlich die Hintergründe der Inquisition und der Hexenmärchen beleuchten. Eins aber doch noch dazu: Die Hexenjäger haben tatsächlich dafür gesorgt, dass mit den Menschen, die sie verbrannt haben, der größte Teil des alten Heil- und Kräuterwissens im wahrsten Sinne des Wortes "vom Feuer gefressen wurde".

Die Hexe, Schamanin und Autorin Ulrike Ascher (siehe auch Literaturverzeichnis) bezeichnet Hexen als „Menschen, die ihre natürlichen und erlernten Fähigkeiten im Umgang mit Magie nutzen, um (positive) Veränderungen im eigenen und im Leben anderer herbeizuführen". Dieser Definition kann ich nur beipflichten.

Es hat sie zu allen Zeiten gegeben, sie waren nie ganz verschwunden. Sie waren nur abgetaucht. Kein Wunder, nachdem was ihnen alles widerfahren ist, im Laufe der

Jahrhunderte. Das Wissen der Hexen, der weisen Frauen, wurde im Verborgenen weitergegeben. Entweder innerhalb der Familie als traditionelle Hexen. Oder durch den Kontakt zu der spirituellen Einheit, den göttlichen Aspekten, den Göttern, wie immer es die einzelnen Gruppen, Clans, Covens auch nennen. Das ist meiner Meinung nach der ursprüngliche und unverfälschte Weg, denn hier hat kein Ego seine Finger im Spiel (na ja, vielleicht doch, aber mit ein bisschen Übung, kann man die „Geister"-Spreu vom Weizen trennen). Normalerweise geben die Helfer aus der Anderswelt Handreichungen auf dem Weg der eigenen Entwicklung. Sie behindern nicht.

Die ersten bewussten Menschen, die ersten Schamanen mussten ihr Wissen irgendwo herbekommen. Für mich ist es einleuchtend, dass sie ihr Wissen und ihre Weisheit durch intensive Beobachtung der Natur und die Hilfe ihrer Lehrer und Krafttiere aus der anderen Welt erlangt haben. Daher halte ich diesen Weg für den ursprünglichsten.

Bei diesem Wissen geht es hauptsächlich um die Zusammenhänge der Natur und um die Arbeit mit den natürlichen Ressourcen. Nicht umsonst waren weisen (Kräuter-)Frauen deshalb in den Stämmen die Heilerinnen und die Hebammen. Sie waren aber auch diejenigen, die über den Tellerrand hinaussehen konnten. Sie wussten um den Einfluss des Mondes und der Sterne auf unseren Planeten und die Menschen. Und sie wussten um die Energie, die in allem fließt und alles bewegt.

Diese Frauen waren auch Visionärinnen. Wenn ich von den heutigen Hexen ausgehe, dann war es sicher auch früher so, dass die weisen Frauen durch ihren geübten sechsten Sinn ungesunde Strömungen innerhalb und außerhalb ihrer Stämme erkannten, bevor diese sich auszuwirken begannen. Sie erkannten günstige und ungünstige Zeitqualitäten für eine bestimmte Aktion und sie führten bei Bedarf magische Rituale durch. Magische Rituale nicht im Sinne von Bibi Blocksbergs „hex-hex" oder Harry Potters Lichtstrahl aus dem Zauberstab. Magische Rituale in dem Sinne, dass sie bewusst mit natürlichen Energien arbeiteten. Mit den Energien (Geistern) von Plätzen, von Pflanzen und Bäumen. Schamanen nutzten den Tanz oder die Trommel, um in die Anderswelt zu reisen und dort Antworten zu erhalten.

Hexen nutzten oft auch noch andere Referenzmittel, um in Kontakt mit der geistigen Welt zu kommen, beispielsweise: Karten (Tarot, Kipper, Lenormand etc.), Runen, die Wasserschale, Rauch, aber auch die klischeebehaftete Kristallkugel oder den Kaffeesatz.
Durch diese Arbeiten erfuhren sie, wann die Zeitqualität für das Vorhaben besser sein würde oder was zu tun war, um beispielsweise die Gemeinschaft zu stärken.

Um Kranken zu helfen, konnten einige Heilerinnen vermutlich auch Energien aus ihrer Umwelt aufnehmen, durch sich hindurch kanalisierten und transformiert wieder nach außen abgeben. Heute nennen wir es Reiki. Auch beim Reiki wird mit universellen Energien gearbeitet und der eigene Körper sozusagen als „Leit-Instrument" zur Verfügung gestellt. Wer Reiki richtig anwendet, verwendet nie eigene Energie. Die braucht der Anwender für sich selbst. Um andere zu heilen, werden die äußeren Energien aufgenommen, gebündelt und in die Hände geleitet, von wo aus sie dem Gegenüber in heilender Kraft zu Gute kommen.

Weil Hexen, ebenso wie Druiden und Schamanen, eben diese Fähigkeiten besaßen - Heilwissen und die Fähigkeit in die andere Welt zu gehen - waren sie gleichermaßen gefürchtet.

Auch heute arbeiten Hexen mit der Natur und für die Natur. Und sie arbeiten magisch. An dem Punkt schüttelt immer noch so mancher Wissenschaftler den Kopf und spricht von „Humbug". Kein Wunder, denn die Gesellschaft hat in den letzten Jahrhunderten ihre spirituellen Wurzeln zugunsten eines kopflastigen, sehr engen Sichtfeldes weitestgehend gekappt. Doch wenn wir einmal betrachten, wie viel die Wissenschaft schon festgestellt hat, was später durch eine andere Wissenschaft widerlegt wurde, stellt sich die Frage was die Wissenschaft denn wirklich weiß. Doch Menschen sind nun einmal wissbegierig. Aber ist es wirklich notwendig dass wir genau wissen, wie der Verdauungstrakt einer Ameise funktioniert? Oder reicht es aus, wenn wir darüber staunen, dass die Natur ein solch soziales und gut organisiertes Wesen, wie diese kleine Ameise hervorgebracht hat? Die unermüdlich aufräumt und dazu beiträgt, dass das Ökosystem im Wald funktioniert. Ein gutes Gefühl, das zu wissen.

Auch Homöopathen wissen. Sie wissen dass bestimmte Mittel bei bestimmten Krankheiten helfen, während Wissenschaftler, die nach ihren materiellen Kriterien die Mittel untersuchen, feststellen, dass es NICHTS festzustellen gibt. Reiner Zucker diese Globuli. Nur verdünnter Alkohol die Tinkturen. Aber weshalb wirken homöopathische Mittel bei Mensch und Tier? Reine Einbildung? Nein. Es sind die Energien des Mittels, die auf die energetischen Schwingungen des Körpers wirken. Aber dazu später mehr.

Wer ist nun eine Hexe?
Sie ist die Hagazussa, die „im Hag sitzt", im Heiligen Hain, wo sie ihr Wissen weitergibt. Woher der Name „Hexe" ursprünglich kommt, ist heute nicht mehr wirklich nachzuvollziehen. Eine Bezeichnung, die das Wesen einer Hexe besonders gut darstellt, ist „Tunrida", was soviel heißt wie „Zaunreiterin".
Die Zaunreiterin ist mit einem Bein in dieser und mit dem anderen Bein in der anderen Welt. Das bedeutet: Sie ist in der Lage in dieser Welt zu leben sowie in die Anderswelt (oder Nichtalltägliche Wirklichkeit) zu sehen und zu reisen. Die Anderswelt besteht aus den energetischen Ebenen, die wir mit dem Verstand und den fünf bekannten Sinnen nicht wahrnehmen können. Es ist die Welt, die wissenschaftlich (noch) nicht erforscht ist, die aber dennoch existiert und in die auch Schamanen sehr gerne reisen.

Eine Hexe ist also in der Lage sich auf diesen anderen energetischen Ebenen mit ihren unvorstellbaren Dimensionen zu bewegen. Hier bekommt sie Antworten auf Fragen. Hier kann sie sich mit der Seele von anderen Wesen verbinden, zum Beispiel, um für einen Menschen die zu dieser Zeit richtige Heilmethode zu erfahren. Oder sie kann in andere „Zeiten" reisen. Wobei die Zeit eine Erfindung der Menschheit ist, weshalb es in der universellen Energie keine Zeit gibt sondern nur andere Umstände.

Die Hexe arbeitet mit dieser Energie – wir nennen es Magie. Das tun aber wie gesagt nicht nur Hexen. Wir alle arbeiten magisch. Wer hat nicht schon mal einen Wunsch ans Universum geschickt? Und wenn er diesen Wunsch mit dem richtigen Gefühl verbunden abgeschickt hat, wurde er auch erfüllt. Das ist magisches Arbeiten. Nur, dass Hexen und andere Spirituelle diese Gabe bewusst nutzen. Sie bereiten sich innerlich auf ihre magische Arbeit vor, indem sie sich mit der jeweiligen Angelegenheit ganz bewusst und tief beschäftigen.

Ein Beispiel: Hat eine Hexe Geldprobleme, beschäftigt sie sich mit dem Anziehen von Geld. Sie visualisiert, wie das Geld zu ihr fließt, sie arbeitet mit der „Farbe des Geldes", also grün. Sie erstellt ein grünes Pentakel mit einem anziehenden Pentagramm. Da hinein schreibt sie beispielsweise Runen, Planeten, Zahlen, die mit Geld, mit Anziehung und mit positiven Gefühlen zu tun haben. Sie sucht Geld anziehende Kräuter und Steine etc. Und in ihrem Ritual ist ihr kompletter Focus darauf ausgerichtet die Geld-Energie anzuziehen. Deshalb verwundert es nicht weiter, wenn anschließend tatsächlich der Mann mit dem Köfferchen voller schöner „Taler" vor der Tür steht.

Allerdings sollte man sich nicht darauf verlassen. Auch Hexen sind nämlich nicht davor gefeit, ihr schönes Geldritual mit der kontraproduktiven inneren Einstellung „Ich gewinne ja doch nix" wieder zu zerstören.

Das beschriebene Ritual ist übrigens nicht vollständig und wird sicher von vielen anderen Hexen ganz anders angegangen. Es handelt sich hier nur um ein Beispiel, wie es durchgeführt werden kann. Und das ist auch das Schöne bei der Hexerei: Jeder macht es nach seinem eigenen Gefühl, dann ist es richtig. Alle Vorgaben, die wir irgendwo lesen, können allenfalls als Leitfaden dienen. Unser Gefühl, unser Instinkt sagt uns, was richtig ist. Dem sollten wir folgen.

Und schon sind wir beim nächsten Aspekt, den eine Hexe ausmacht: Hexen achten auf ihre Instinkte. Sie lernen Gefühl und Verstand in Einklang zu bringen. Anders würden die Andersweltreisen, das Kartenlegen, Heilung, Lebensberatung, also die vornehmlichen Arbeiten der Hexe nicht richtig funktionieren. Viele Hexen haben Visionen von Dingen, die sich erst in Kürze manifestieren oder von Umständen, in denen sich ein Mensch befindet.

Auch bei Hexen gibt es Unterschiede. Es gibt „Wicca", die in einigen Ländern als Religion anerkannt sind und nach bestimmten Grundsätzen leben. Und es gibt „freifliegende" Hexen, die sich in der Regel an eine Weisheit und Lebensaufgabe halten: „Tue was du willst und schade niemandem." Mehr braucht es auch nicht. Wenn man danach lebt, sind Gebote, die einem sagen, was man nicht tun soll, überflüssig.

Dieser eine Verhaltenskodex besagt nicht, dass Hexen weltfremde „Licht- und Liebe"-Esoleute sind, die nur die hellen Seiten leben wollen und die dunklen verdrängen. Hexen gehören schon gar nicht zu denen, die die linke Wange hinhalten, wenn man sie auf die rechte schlägt. Nein, sie wehren sich. Entweder durch den Tritt vors Schienbein, den Gang zum Rechtsanwalt oder indem sie die negative Energie einfach dreimal an den Absender zurückschicken. Letzteres ist ein äußerst wirksames und gerechtes Mittel.

Die Wicca:
Wicca ist eine seit dem 31. Oktober 1975 in Amerika anerkannte nichtkommerzielle Religionsgemeinschaft.
Ebenso wie es bei den Christen die Methodisten, die Neu-Apostolischen und was noch alles gibt, kennen auch die Wicca verschiedene Strömungen. Da gibt es die

Gardner, die Alexandrian, die Dianischen, die keltischen Wicca und noch einige mehr. Gerald Brosseau Gardner gilt als der Gründer des Wicca-Kultes. Er wurde (angeblich) 1939 in Wicca initiiert und hat 1954 sein Buch „Witchcraft Today" herausgebracht. An die Lehren aus seinem „Book of Shadows" halten sich noch heute alle Gardner Covens ganz strikt.

Die Wicca-Basis geht auf Gardner zurück. Doch, wie gesagt, es gibt mittlerweile viele Ausrichtungen. Zum Thema Coven sei noch gesagt: Es ist ein Zusammenschluss von drei bis dreizehn Hexen, der von einem Hohepriester und einer Hohepriesterin geleitet wird. Mitglied, also initiiert, wird man nach einer Probezeit von einem Jahr und einem Tag. Ein Coven hat den Vorteil, dass die weibliche oder männliche Hexe professionelle Anleitung bekommt. Einige Covens akzeptieren auch, daß sich ihnen Freifliegende Hexen unverbindlich anschließen.

Diese Regel "Tu was du willst und schade niemandem" wird beispielsweise in der Silberstern-Konvent-Ausbildung (Wicca) des Yggdrasilkreises ergänzt durch den Passus „Erkenne dich selbst und finde das rechte Maß", was eine ebenso herausfordernde, wie spannende Aufgabe darstellt, die uns unsere volle Aufmerksamkeit abverlangt. Und Ehrlichkeit uns selbst gegenüber.

Freifliegende Hexen:
Das ist das immer größer werdende Völkchen, das keine Satzungen hat oder Richtlinien aufstellt. Auch hier gilt die Regel ist: „Tu was du willst und schade niemandem." In verschiedenen Gruppen gibt es ebenfalls Zusätze wie "...solange man Dir nicht schadet" oder so.
Wie auch immer - die Freifliegenden sind, wie der Name bereits sagt, sehr frei in ihren magischen Arbeiten und Sichtweisen und befolgen allein die natürlichen Regeln des Alten Weges.

IV. Verbunden mit der Natur

IV.1 Das Wesen Erde

Wir Menschen glauben ja gerne, dass wir alles im Griff haben. Wir bekommen alles von unserem blauen Planeten, was wir brauchen und aus Profitgier nehmen wir auch gerne etwas mehr (ich drücke mich zurückhaltend aus), als wir benötigen. Aber wehe, unsere „Mutter" hustet mal oder schüttelt sich. Das ist der Zeitpunkt, an dem wir uns unserer Abhängigkeit von der Erde wieder in Gänze bewusstwerden. Und sofort geloben wir Besserung.
Doch wenn sich alles wieder beruhigt hat und die Schäden vom letzten Erdbeben oder Vulkanausbruch beseitigt sind, verblassen die guten Vorsätze und wir kehren zurück zu unserem alten materiellen Denken. Getreu dem Motto: „Wenn ich den Urwald nicht abholze, dann kommt ein anderer und macht es", zerstören wir munter weiter, wie bisher.

Zwar stehen die Zeichen schon seit vielen Jahren auf „Sturm", aber was in aller Welt muss noch passieren, bevor die „Machthaber" endlich begreifen, dass sie im Prinzip keine „Macht haben"? Hallo!!! Der Wecker klingelt sich schon einen Wolf. Wir alle, jedes einzelne Geschöpft, sind ein individueller Teil unserer Erde und indem wir sie ausbeuten und vergiften, arbeiten wir kontinuierlich an unserem eigenen Untergang.
Mal ehrlich, selbst wenn wir heute Bio kaufen oder sogar im eigenen Garten anbauen – wir werden keine wirklich gesunden Lebensmittel mehr bekommen. Die Luft ist verseucht, der Boden mit allem Möglichen belastet. Ja, wo soll denn da gesundes Obst und Gemüse herkommen? Soweit sind wir also. Und trotzdem tragen wir Scheuklappen.
Tausende von Flugzeugen ziehen weiterhin dicke Kerosinstreifen in den blauen Himmel, Millionen von Autos pusten fleißig ihren Dreck in die Luft, verbrauchte Uranstäbe aus Kernkraftwerken müssen luftdicht verpackt in irgendwelchen Höhlen gelagert werden, weil sie nicht recycelt werden können. Hier strahlen sie munter

rund 200.000 Jahre (!) weiter vor sich hin. Die unterirdischen oder unterseeischen Atomversuche, die ungefilterten Abgase von chemischen Industrien etc. will ich gar nicht erst ansprechen. Sicher weiß jeder auch so, was ich meine.
Oder nehmen wir mal die Tierwelt. Allein bei dem Gedanken daran, wie viele Tiere leiden und auf schreckliche Weise sterben müssen, nur damit wir an ihr Fell oder ihr Fleisch kommen, wird jedem mitfühlenden Menschen schlecht.

Lassen wir mal die Robben beiseite, denen vielfach bei lebendigem Leib das Fell über die Ohren gezogen wird, nur damit einige „Ladies" einen Sealmantel spazieren tragen können. Oder die frisch geschlüpften männlichen Küken, die zu einem blutigen Brei zerschreddert werden, weil sie „unbrauchbar" sind. Und schauen wir auch nicht auf die vielen Hunde und Katzen, die in östlichen Ländern auf der Straße leben und mit denen schon die Kinder den größten Unfug treiben, weil sie keinen Respekt vor diesen Wesen kennen.

Tiere zu töten oder gar dafür zu züchten, um ihnen das Fell weg zu nehmen ist in meinen Augen einfach pervers. Es gibt genügend Material, aus dem man wärmende Kleidung herstellen kann – übrigens auch natürliche Fasern, die unserer Haut guttun.

Schauen wir doch wieder auf die Lebensmittelindustrie. Was haben wir denn da alles: Rinderwahn, Vogel- und Schweinegippe, Dioxin im Ei... Alles Krankheiten oder Belastungen, die zufällig entstanden sind? Nein, wie es aussieht alles hausgemacht! Zum Beispiel der Rinderwahn. Da wurden den Rindern klein gemahlene Fleischabfälle von Artgenossen oder anderen Tieren ins Futter gemischt. Kein Wunder, dass die armen Hornviecher wahnsinnig geworden sind. Das sind Vegetarier! Und man muss kein Hellseher sein, um zu verstehen, dass man den Tieren, die von je her nur Grünzeug gefuttert haben, mit der Beigabe von tierischen Abfällen größten Schaden zufügt. Und wer hat das Ganze auszubaden? Die Rinder, die dann massenweise geschlachtet wurden, ob gesund oder krank.

Die Vogelgrippe hingegen war laut den Recherchen der Medizinjournalistin Jane Bürgermeister eine gezielte Laborzüchtung als Grundlage für Biowaffen.

Und wie kam das Dioxin ins Ei? Ganz einfach, da wurde den Hühnern technische Fettsäure unters Futter gemischt, ein Abfallprodukt der Biodieselherstellung. Damit hätte man Schmiermittel herstellen dürfen, nicht aber Tiernahrung. Und wieder waren die Tiere die Leidtragenden.

Das sind nur wenige Beispiele, wie aus Profitgier mit der Natur und den Lebewesen, die sie hervorbringt, umgegangen wird. Tiere werden als Sachen behandelt, als Dinge, die man verwendet und wegwirft, wenn sie nicht mehr gebraucht werden. Dass auch Tiere eine Seele haben, dass sie Schmerz empfinden und Gefühl haben, wird dabei übersehen. Wo wir wieder auf dem Alten Weg wären.

Naturspirituelle sind bestimmt nicht alle Vegetarier oder gar Veganer. Allerdings kaufen viele ihr Fleisch und ihre Eier beim Bauern. Hofläden haben immer mehr Zulauf und das aus gutem Grund. Es sind die Krisen, die den Menschen zum Umdenken veranlassen. Und beim Hofladen unterstützt man nicht nur den Bauern in der Region sondern auch eine artgerechte Tierhaltung bis zum Schluss. Das sieht man dem Fleisch an und man schmeckt es. Weniger ist mehr. Es muss ja nicht jeden Tag Fleischiges sein.

Was wir in unsere Natur hineingeben, kommt auch wieder hervor. Das sieht man an diesen Beispielen ganz deutlich. Kehren wir zurück zu einem wirklichen „Biodenken", dann werden wir auch bald wieder gesünder sein, weniger mit Allergien und sonstigen chronischen Erkrankungen zu tun haben und uns allgemein wohler fühlen. Ich bin ganz sicher, dass in vielen Schubladen bereits Pläne für Fahrzeuge liegen, die keine gefährlichen Abgase mehr erzeugen und für andere Reisemittel, die ebenfalls keine Umweltschäden mehr anrichten. Elektroautos gibt es ja bereits.

Wir sind nicht nur mit der Natur verbunden. Wir sind Natur. Wie innen so außen, wie die Erde so der Mensch. Ebenso wie die Erde können auch wir uns immer wieder regenerieren, sofern wir nicht ständig neu mit irgendwelchen unnatürlichen chemischen Stoffen belastet werden. Naturspirituelle leben dieses Wissen und versuchen so gut es geht, natürlich zu leben.

Nun habe ich viel über die sichtbare, greifbare Natur gesprochen. Es gibt aber natürlich noch eine andere Natur – die geistige Natur oder den Geist in der Natur. Hier werden wieder Sinne angesprochen, die bei vielen „modernen" Menschen verkümmert sind. Wald ist schön, wenn man im Sommer auf seinen geschotterten Wegen unterwegs ist, mit ein paar Freunden vom Wanderclub quatscht und einfach ein bisschen Bewegung in der frischen Luft hat. Soweit so gut.

Naturspirituelle gehen meist anders durch den Wald. Sie gehen oft ein Stück vom Weg ab, achten darauf, wohin sie treten, schließen hin und wieder die Augen und saugen den Geruch in sich hinein. Sie achten auf die Geräusche und nehmen die Bewegungen der Blätter, Zweige, der Mäuse, des Rehs etc. wahr. Es ist wie eine Meditation, bei der man den Geist des Waldes spüren kann. Das bewirkt, dass sich ein friedliches Gefühl einstellt und man die tiefe Verbundenheit mit der Umgebung und mit allem was ist spüren kann. Das ist verrückt? Schon möglich - probieren geht über studieren. Voraussetzung ist, dass man nicht ständig mit einem Auge blinzelt, ob man beobachtet wird. Und dieses Plappermäulchen im Kopf, das einem ständig irgendetwas erzählen will, sollte mal Pause haben. Das klappt am besten, wenn man sich auf seinen Atem konzentriert.

Die Natur begreifen, kann man am besten mit dem Gefühl.

IV.2 Sozialwesen Mensch

Alleine kann kein Mensch lange überleben. Wir sind und bleiben einfach Rudeltiere. Wir brauchen den Kontakt mit anderen unserer Art, die Kommunikation, die Nähe und auch die Reibung. Nur so können wir leben und uns entwickeln.

In archaischen Völkern bildete die Dorfgemeinschaft ein schützendes Gefüge. Jeder hatte seinen Platz und brachte sich zum Wohle dieser Gemeinschaft ein. Hatte allerdings jemand in grobem Maße gegen die dorfinternen Regeln verstoßen, so bedeutete das im schlimmsten Falle Ausschluss. Und damit war der Tod desjenigen besiegelt. Denn ohne den Schutz, aber auch ohne die Energien der Anderen waren unsere Ahnen in prähistorischer Zeit verloren. Im Prinzip ist es auch heute noch so.

Wie sich ein Mensch fühlen muss, der ganz alleine nur mit sich irgendwo ausharren muss, ist in dem Film „Castaway" wunderbar beschrieben. Während „Robinson Crusoe" sich wenigstens noch mit dem Inselbewohner „Freitag" austauschen konnte, hat Chuck Noland auf seiner einsamen Insel kein einziges menschliches Wesen um sich herum. Dadurch drohen ihm Wahnsinn und völlige Verzweiflung. Nur ein Volleyball, dem Chuck ein menschliches Gesicht aufmalt und mit dem er „Zwiesprache" hält, sorgt dafür, dass seine Lebensgeister wach bleiben.

Auch die Religionen und fundamentalistischen Gruppen aller Richtungen arbeiten mit diesem Rudelverhalten. Menschen, die „dazu gehören" sind geschützt, werden von der Gemeinschaft gehalten, gefördert, bewundert oder auch ausgestoßen. Da jeder Mensch unterbewusst spürt, was es heißt, ausgestoßen zu sein, fügt er sich – oft in sein Elend.

Von der katholischen Kirche kennen wir die Exkommunikation als Bestrafung. Das heißt also: Wer eines der Sakramente bricht, wird aus der Gemeinschaft ausgestoßen. Und das bedeutet im Prinzip den Untergang dieses Individuums. Nun mag mancher Leser den Kopf schütteln, über soviel Pathos. Aber schauen wir mal hinter die Kulissen: Schon eingangs erwähnte meine spirituelle Wegbegleiterin Geridwen (ihr Name wird übrigens tatsächlich so geschrieben), dass kein Mensch ohne Spiritualität leben kann. Das bedeutet, der Geist ist das Instrument, das alles erschafft. Er sorgt zu Beginn des Lebens dafür, dass die Zellen sich im Mutterleib so teilen, dass sich aus ihnen nicht nur einfach Zellhaufen, sondern Organe, Knochen, Hirn etc. bilden. Er ist die treibende Kraft. Und er ist mit allem verbunden.

Wird man nun von der Gemeinschaft ausgestoßen, wird im Prinzip die Verbindung zu den anderen Gleichartigen gekappt. Der Atem des Lebens wird sozusagen energetisch blockiert. Somit kann der Mensch zwar körperlich eine zeitlang weiterleben, doch geistig verkümmert er. Und das wiederum bewirkt, dass auch die Materie bald aufhört zu existieren. Das passiert natürlich nicht, wenn der ausgestoßene Mensch sich einer anderen Gruppe Gleichgesinnter anschließt. Was ich meine, ist der tatsächliche umfassende Ausschluss.

Es gehört also zu unserer Natur, dass wir Gruppen suchen, in denen wir uns wohl fühlen, mit denen wir verbunden sind. Dann können wir uns entfalten. Die Familie ist eine solche Gruppe. Sie sollte dem Kind idealer Weise einen Platz geben, an dem es sich von Beginn an geborgen fühlt. Mit dem Urvertrauen in den natürlichen Lebens-Rhythmus und die Menschen ausgestattet, hat es von hier aus die besten Möglichkeiten, sich zu entfalten.

Im besten Fall besteht die Familie nicht nur aus den Eltern und Geschwistern, sondern auch aus Oma und Opa, Onkel, Tanten, Cousins und Cousinen etc., die sich oft sehen, oder sogar zusammenwohnen. Sie alle tragen dazu bei, das Weltbild des Kindes stetig zu vergrößern.
In vielen archaischen Völkern ist es gang und gäbe, dass sich die gesamte Dorfgemeinschaft um die Kinder kümmert. Das entlastet nicht nur die Eltern, es bietet den Kindern auch sehr vielfältige Entwicklungsmöglichkeiten.

Auch als Erwachsene haben wir im Allgemeinen den Drang, uns Gruppen anzuschließend. In einem kleinen Dorf auf dem Land bilden die Einwohner meist eine gut funktionierende Gemeinschaft. In der Großstadt suchen wir uns Vereine, in denen wir unsere Interessen ausleben können. Wir bauen einen mehr oder weniger großen Freundeskreis auf, in dem wir uns wohl fühlen. Alles ist darauf ausgerichtet, in der Gemeinschaft seinen Platz zu finden, sich auszutauschen und sich wohl zu fühlen. Ohne Gruppen, ohne Freunde, ohne Familie sind wir wie Fähnchen im Wind.

Manchmal ist es so, dass sich die Interessen ändern, dann verlässt man den Verein und tritt einem anderen bei. Oder im Freundeskreis hat man sich nicht mehr viel zu sagen, auch dann ist es legitim, sich einen neuen aufzubauen und dem alten Lebewohl zu sagen.
Wichtig ist also immer wieder die Überprüfung. Fühle ich mich dort, wo ich bin, noch geborgen, verstanden, gut aufgehoben, respektiert? Sollte die Teilnahme am Vereinsleben, den Familienfeiern etc. nur noch zur Pflicht verkommen, ist es besser, diesen Lebensabschnitt zu beenden.

In einem seiner wunderbaren Gedichte beschrieb Hermann Hesse diese Fortschritts-Aufforderung der Seele:

Stufen:

*Wie jede Blüte welkt und jede Jugend
dem Alter weicht, blüht jede Lebensstufe,
blüht jede Weisheit auch und jede Tugend
zu ihrer Zeit und darf nicht ewig dauern.*

*Es muss das Herz bei jedem Lebensrufe
bereit zum Abschied sein und Neubeginne,
um sich in Tapferkeit und ohne Trauern
in andre, neue Bindungen zu geben.*

*Und jedem Anfang wohnt ein Zauber inne,
der uns beschützt und der uns hilft, zu leben.
Wir sollen heiter Raum um Raum durchschreiten,
an keinem wie an einer Heimat hängen,
der Weltgeist will nicht fesseln uns und engen,
er will uns Stuf' um Stufe heben, weiten.*

*Kaum sind wir heimisch einem Lebenskreise
und traulich eingewohnt, so droht Erschlaffen,
nur wer bereit zu Aufbruch ist und Reise,
mag lähmender Gewöhnung sich entraffen.*

*Es wird vielleicht auch noch die Todesstunde
uns neuen Räumen jung entgegen senden,
des Lebens Ruf an uns wird niemals enden...
Wohlan denn, Herz, nimm' Abschied und gesunde!*

(Hermann, Hesse 04.05.1941)

Die Ehe:
Schauen wir uns vor dem Hintergrund dieser weisen Zeilen einmal die Institution Ehe an. Nun wird es wahrhaft heikel und trotzdem will ich es nicht unerwähnt lassen: Die Ehe ist meiner Meinung nach ein Konstrukt, das für Herz und Seele nie wirklich funktioniert hat. Ausnahmen bestätigen die Regel.

Gesetzlich geregelt, gesellschaftlich geachtet und von christlichen Religionen als heilig angesehen, soll die Ehe einen sicheren Hafen für Frau und Mann bieten. Ein Trugbild. Die Sicherheit besteht nur im Rahmen der gesetzlichen Vorschriften. Denn die meisten Ehepartner arbeiten bereits nach sehr kurzer Zeit nicht mehr an ihrer Beziehung. Das bedeutet, dass unweigerlich etwas völlig Naturgemäßes stattfindet: Zwei ungleiche Schiffe auf demselben Fluss werden entweder ständig aneinanderschlagen oder auseinanderdriften, sofern sie nicht irgendwie verbunden sind. Diese Verbindung – die Taue, welche die beiden Schiffe zusammenhalten – müssen gepflegt werden und dass ein Eheleben lang.
So ist es in den meisten Fällen nicht. Warum? Wohl weil zwei verschiedene Menschen mit verschiedenen Erwartungen und Vorstellungen nun versuchen gemeinsam ihr Leben zu gestalten. Wenn da die Kommunikation nicht stimmt – und wir wissen, Männer und Frauen kommunizieren anders -, dann wird's schwierig. Durch gegenseitigen Respekt, Toleranz und ein immer wieder aufeinander Zugehen, könnten die Hürden gemeistert werden. Schauen wir in die Scheidungsstatistik (ich bin dort auch zu finden), dann sehen wir, dass die guten Vorsätze allerdings oft scheitern.

Und ein Blick in die Medien genügt, um an den Scheidungs-Schlachten teilzunehmen. Im Film „Rosenkrieg" mit Michael Douglas und Kathleen Turner wird dieser Geschlechterkampf ganz genüsslich auf die absolute Spitze getrieben. Zugegeben, soweit wie hier, geht es normalerweise nicht. Wie in der Öffentlichkeit so auch im Privaten. Also auch Hans und Anna Musterleut' geht es nicht anders. Nur dass nicht so ein Bohei in der Presse darum gemacht wird.

Wenn sich unsere Musterleut' trotz aller Schwierigkeiten entschlossen haben, zusammen zu bleiben, aber auch ihre Probleme nicht wirklich bearbeitet haben, dann fehlt meist irgendwann die Kraft zum Kämpfen. Was kommt ist Resignation.
Man arrangiert sich irgendwie. Den Frust frisst man in sich hinein, wo er Wegbereiter für die schlimmsten Krankheiten ist. Und die zeigen oft, wo den Einzelnen der Schuh am meisten drückt (siehe Literaturliste). Man lebt in einer Wohngemeinschaft und jeder geht seiner Wege. Es tut sich ja doch nichts mehr, glaubt man. Ja, ja, die Glaubenssätze. Sie sind es, die Männern wie Frauen das Leben tatsächlich schwer machen. Denn es gibt genügend Beispiele, dass in jedem Alter und zu jedem Zeitpunkt glückliche Neuanfänge möglich sind. Und wenn die „Arrangierten" sich darauf einlassen, spüren sie plötzlich wieder, dass sie leben.

Ich habe den Verlauf von Ehen hier sehr düster dargestellt. So ist es sicher bei vielen nicht. Die Farbscala von Weiß bis Schwarz hat ja sehr, sehr viele Schattierungen. Außerdem ist die Erkenntnis nicht neu, dass Mann und Frau eigentlich nicht zusammenpassen und sich trotzdem immer wieder suchen und versuchen.
Aber was hat dieses Thema mit dem Alten Weg zu tun?
Wir erinnern uns, dass die Regel des Alten Weges lautet: Erkenne Dich selbst, finde das rechte Maß und tu was Du willst, solange es niemand schadet. Erkenne Dich selbst – im Spiegel des anderen. Finde das rechte Maß – zwischen An- und Entspannung. Und dann tu was Du willst – und achte dabei auf Deine Intuition, die Dir den Weg weist.

In der Menschheitsgeschichte war es die meiste Zeit so, dass Frauen und Männer Zweckgemeinschaften gegründet haben. Dabei ging es anfangs ums nackte Überleben und darum, den Nachwuchs durchzubringen. Später in der Geschichte war es ähnlich, auch wenn nicht mehr von beiden Geschlechtern gleichermaßen bestimmt. Heute sind wir an einem Wendepunkt.
Zum Überleben und zur Sicherung des Fortbestandes sind keine Zweckgemeinschaften mehr notwendig. Das können wir alles alleine. Ob es gut ist, steht auf ei-

nem anderen Blatt. Denn die Gemeinschaft ist nach wie vor von existenzieller Wichtigkeit.

Großfamilien, Clans und Sippen waren im Prinzip für alle eine Bereicherung. Zwar gehörten hierarchische Rangeleien zum Alltag dazu, genauso aber auch die Entlastung der Mütter durch die gemeinsame Kindererziehung aller. Die Alten wurden gewertschätzt, denn sie hatten eine Menge Lebenserfahrung und Weisheit, die sie weitergeben konnten, zum Wohle Aller.
Unsere immer kleiner werdenden Familien hingegen stehen durch massive äußere als auch innere Zwänge unter starkem Druck, während die Alten aufs Abstellgleis geschoben werden und das Gefühl vermittelt bekommen, zu nichts mehr zu taugen. Gut, dass viele Senioren diesem gesellschaftlichen Denken die Stirn bieten und ihr Leben weiter sehr aktiv in die Hand nehmen.

Kommen wir zu den Glaubenssätzen: Gerade in der reichen westlichen Welt spielen die materiellen Güter die Hauptrolle. Man hat soviel Geld in das Haus, in die Firma, in sonst was gesteckt. Nein, das alles aufgeben und eventuell ziemlich weit unten neu anzufangen, kommt gar nicht in Frage! Die Frage aber ist: Hat es denn wirklich Glück gebracht – das Haus, die Firma oder was auch immer, in dem soviel Energie steckt. Oder hat es nur dazu geführt, einen gewissen Luxus zu genießen, eine vermeintliche Stabilität zu erreichen. Wo ist das Herz, wo ist die Seele, wo sind die Glücksmomente, das Gefühl wirklich zu leben? Gibt es sie noch, oder sind sie im Haus mit verbaut und im Geschäft mit verbucht worden? Wenn wir einen Moment innehalten und das hermetische Gesetz der Harmonie betrachten, sehen wir, wie sehr wir bei diesem Denken und Handeln aus unserer Mitte geraten sind.

Und wenn wir uns dann das Gesetz des Rhythmus anschauen, verstehen wir, warum eine lebenslange gute Partnerschaft so selten ist. Alles fließt. Auch in der Partnerschaft. Oft genug kommt es dabei vor, dass der eine etwas schneller fließt, als der andere. Oder in eine andere Richtung. Nur die Taue, also das gemeinsame beständige Arbeiten an einer Beziehung, führt zu gemeinsamer Weiterfahrt auf dem Fluss des Lebens.

Nun kann es aber sein, dass sich unsere Interessen verändern, wenn wir uns weiterentwickeln. Hier wird es oft zunehmend schwieriger an der gemeinsamen Weiterfahrt zu arbeiten. Irgendwann ist vielleicht einfach die Zeit gekommen, wo der eine schneller sein muss oder einen anderen Fluss befahren will. Soll man nun die eigenen individuellen Ziele zugunsten des Partners aufgeben? Diese Frage beantwortet die Seele mit Unzufriedenheit, mit Krankheiten, mit Unfällen... Die Götter (sprich: die Aspekte der Seele) sind da sehr erfinderisch.

Vielleicht wird auch alles besser, wenn der andere sich ändert? Verändern kann sich in der Ehe und in jeder anderen Gemeinschaft nur etwas, wenn ich mich selbst zuerst verändere. Der andere ist in Ordnung, so wie er ist. Nur ich komme nicht mehr mit ihm klar, weil ich schneller oder langsamer oder in eine andere Richtung schwimme. Also habe ich es in der Hand: Entweder ich nehme ihn als den, der er ist, akzeptiere seinen Rhythmus und schaue mir an, was er mir als Spiegel zeigen will. Oder ich erkenne, dass ich mit diesem Menschen aus welchen Gründen auch immer nicht weiterleben kann. Dann muss ich die für mein Herz und meine Seele logische Konsequenz ziehen und den wunderbaren Menschen, der er immer noch ist – außer für mich – weiterziehen lassen. Ich muss ihm die Möglichkeit geben, seinen eigenen Weg weiter zu gehen, ebenso, wie ich mir diese Möglichkeit geben muss.

Oft kommen Trennungen allerdings erst zustande, wenn die Beziehung schon so heruntergewirtschaftet ist, dass das Paar nicht mehr respektvoll miteinander umgehen kann. Oder ein anderer Partner im Spiel ist. Und dass der Verlassene dann doppelt wütend und frustriert ist, kann wohl jeder nachvollziehen. Niemand will einfach ausrangiert werden, auch wenn die Beziehung vorher sowieso schon am Ende war.

Meiner Erfahrung nach erkennen viele Paare diese Situation nicht oder zu spät. Kein Wunder – die Hoffnung stirbt immer zuletzt. Es könnte sich doch noch etwas ändern an seinem stressigen Beruf, an ihrem „Nein" zu eigenen Kindern, an diesem oder jenem. Doch Hand aufs Herz – glauben wir wirklich daran? Nur die eigene Haltung kann etwas ändern, indem man seinen stressigen Beruf akzeptiert oder ihr „Nein". Wenn das nicht klappt, dann ist es besser, die Konsequenzen zu ziehen.

Nach einer Trennung geben sich nun viele Menschen der Illusion hin, dass der nächste Partner besser ist und das eigene Leben versüßt. Dazu sind Partner allerdings nicht da. Es geht immer darum, an einer Beziehung zu arbeiten. Wie aber komme ich überhaupt zu einer Beziehung, in der ich mich geborgen und verstanden fühle?
Zunächst sollte ich selbst wissen, was mir guttut. Aber Vorsicht! Das ist der nächste Knackpunkt. Denn das kann von dem abweichen, was mein Ego will. Die Frage lautet also: Was wünschen sich Herz und Seele? Das Ego will vielleicht: Jung, schön, sexy, reich, erfolgreich, spendabel, treu, extravagant etc. Während das Herz sagt: Gefühl, Respekt, gegenseitiges Verständnis und Treue. Und die Seele will sehr wahrscheinlich den Partner, mit dem Harmonie und eine individuelle Weiterentwicklung am besten möglich ist.
Die Krönung wäre dann eine „Chymische Hochzeit", in der das Männliche und Weibliche zu einem Wesen verschmilzt. So soll es zu Beginn der Zeit gewesen sein, als es noch keine Polarität gab. Die Menschen hatten angeblich vier Arme, vier Beine und zwei Köpfe und empfanden sich als „ganz". Aus diesem Grunde sind Männlein und Weiblein seit der Polarität auf der Suche nach ihrer entsprechenden „Ergänzung". Und Sex ist das Instrument, mit dem das Paar versucht, diesen ursprünglichen Zustand wieder herzustellen. Manchmal gelingt es tatsächlich für einen ganz kurzen Augenblick, das Gefühl dieses Urzustandes zu genießen. Doch der Moment verflüchtigt sich und – Willkommen zurück in der Polarilität.

Wenn ich die Ehe im herkömmlichen Sinn für überholt halte, dann vor allem deshalb, weil sie in den seltensten Fällen die individuelle Weiterentwicklung beider Partner fördert. Die kann man nicht gesetzlich regeln. Es entspricht zudem offensichtlich nicht der Natur des Menschen, sich ein Leben lang an einen einzigen Partner zu binden. Mit der Ehe ist also eine Institution geschaffen worden, die einmal ganz zweckmäßig war, die aber überhaupt nicht unserem Naturell entspricht. Und wie gesagt, sie ist längst überholt. Keine Frau braucht mehr von einem Mann abhängig zu sein – zumindest in unserer westlichen Welt. Kein Mann braucht ein Hausfrauchen, das für ihn kocht, putzt und die Kinder hütet. Auch Männer sind emanzipiert.

Apropos Kinder. Das ist natürlich ein brisantes Thema. Wenn wir Partnerschaften schneller beenden, als wir sie schließen, was ist dann mit den Kindern?

Zunächst soll auf keinen Fall der Eindruck entstehen, dass man die Partner wechseln soll, wie die Unterwäsche. Denn auch das entspricht nicht der Natur des Menschen. Gut – im Teenageralter, wenn noch viel probiert und experimentiert wird... Aber das geht vorbei und dann sehnen sich die weiblichen als auch die männlichen Spezies Mensch nach festeren Strukturen. Also nach einer Partnerschaft. Sollte diese allerdings trotz Bemühen irgendwann an die Wegkreuzung kommen, ist es wichtig, sich in Freundschaft zu trennen. Die vielen Scheidungskriege sind es, die den Menschen und vor allem den Kindern Traumata verpassen. Während eine gütliche Trennung, bei der die Kinder beide Elternteile „behalten" können, sehr viel schneller und besser verkraftet wird. Eltern dienen ihren Kindern als Vorbild. Was sie vorleben, entscheidet maßgeblich, wie Kinder als Erwachsene ihr Leben führen. Wobei wir beim nächsten Thema wären:

Gesellschaft:
Was lernen Kinder in der Schule? Ihre Muttersprache. Wundervoll, denn es ist wichtig, dass wir kommunizieren können. Geschichte, Geografie, Biologie. Alles nützliche Fächer, um zu wissen, woher wir kommen, wie die Welt aussieht und die Natur funktioniert. Was aber ist mit Werten, mit dem, was man im Leben tagtäglich braucht? Zum Beispiel: Sozialer Umgang. Teamgeist. Intuition. Der natürliche Kreis-

lauf des Lebens. Energie-Arbeit. Natur in all ihren Facetten. Kurz: Die eigene individuelle Entwicklung in der Gemeinschaft.

Auch hier gibt es Vorreiter. Sie hatten, wie viele Vorreiter, zunächst mit Häme und Vorurteilen zu kämpfen. Doch mittlerweile erkennen immer mehr Menschen das Potenzial, das in den Werte vermittelnden Schulformen liegt.
Und Waldkindergärten sind ebenfalls keine Seltenheit mehr. Zurück zu den Wurzeln! Kinder, die von klein an, oft in der Natur sind, entwickeln erwiesenermaßen ein besseres Immunsystem und mehr Phantasie. Sie sind ausgeglichener und weniger „begrenzt". Kein Wunder, denn im Wald gibt es mehr zu entdecken als in allen Spielkisten eines „stationären" Kindergartens zusammen. Und so viel interessanter ist es auch, denn hier verändert sich jeden Tag etwas. Was gestern war, ist heute schon ganz anders. Auf natürliche Weise und mit allen Sinnen erleben die Kinder draußen den Jahreskreislauf.

Trotz all der positiven Seiten hat es lange gebraucht, bis Waldkindergärten anerkannt wurden. 1968 entstand der erste Wald- und Naturkindergarten Deutschlands in Wiesbaden. Vorreiterin war Ursula Sube, der meiner Meinung nach noch heute das Bundesverdienstkreuz dafür verliehen gehört. Sie hat den Kindergarten privat geführt und nie eine offizielle Anerkennung dafür erhalten. Erst 1993 konnte der erste anerkannte Waldkindergarten eröffnen. Seither überzeugen das Konzept und vor allem die positiven Auswirkungen immer mehr Eltern.
Der tägliche Aufenthalt in der freien Natur unterstützt nicht nur die positive Entwicklung der kindlichen Motorik, Wahrnehmung und Koordination, sondern auch die Sprachentwicklung und Tiefensensibilität. Wenn ich jetzt recht wissenschaftlich werde, so deshalb, weil dies tatsächlich in Studien so beschrieben wurde. Klar, dass die Wissenschaft auch hier „Wissen schafft". Auch, dass Waldkinder mindestens genauso gut auf die Anforderungen in der Schule vorbereitet sind, wie Knirpse aus Regelkindergärten haben diese Studien belegt. Ja, und dass die lieben Kleinen hier viel ausgeglichener sind, weil sie nicht ständig dem tosenden Lärm ausgesetzt sind,

der in einem rund 30 qm großen Raum mit 20 spielenden Kindern entsteht, versteht sich von selbst.

Bleibt die Frage, wann die entsprechenden Konzepte für eine naturnahe Schule vorgestellt werden. Womit nicht nur die Natur „draußen" gemeint ist, sondern auch die innere. Denn wie gesagt, unser bisheriges Schulsystem geht in großen Teilen an den Ansprüchen, die das Leben stellt, vorbei.

Kommen wir nun zu dem immer größer werdenden Teil der Gesellschaft: Den Alten. Das hört die „Generation Silber" nicht gerne, ich weiß. Aber ich benutze den Ausdruck voller Respekt, denn Alter empfinde ich als etwas Wunderbares und so wie ich, sehen es auch andere „Naturspirituelle". Das Alter ist ein Abschnitt, der zu unserem Leben dazu gehört, wie alle Abschnitte. Nun können wir ernten, was wir gesät und so lange gehegt und gepflegt haben. Wenn das nicht wunderbar ist! Idealerweise sehen sich die „Alten" tatsächlich als die Weisen an, mit einer immensen Lebenserfahrung und Weitsicht. Womit nicht die Dioptrin-Zahl gemeint ist. Diese Lebenserfahrung und Weisheit gilt es nun nicht für sich zu behalten sondern weiterzugeben. Nicht mit erhobenem Zeigefinger, nicht als nonplusultra sondern mit einer guten Portion Gelassenheit und Humor. Wer will schon hören: „Du musst das und das machen, damit...", oder: „Siehste ich hab's Dir ja gleich gesagt..." Jüngere müssen vor allem eins: Ihre eigenen Erfahrungen machen. Manchmal steht man dann halt dabei und sieht, wie derjenige Welche offenen Auges auf die Betonwand zuläuft, obwohl man ihn auf die Gefahr hingewiesen hat. Dann gilt: Taschentuch bereithalten für die blutende Nase, die er gleich haben wird und eine kalte Kompresse für die Beule am Kopf.

Ein tröstendes Wort, auch zwei, sind ebenfalls nicht schlecht. Dabei sollte man es belassen. Hat der Mauer-Renner gemerkt, dass dies nicht der beste Weg war, fragt er vielleicht nach. Und dann darf man ihm gerne Tipps auf den Weg geben, wie er ohne Schaden auf die andere Seite der Betonwand kommt. Vielleicht war zwei Meter neben der Aufprallstelle die Tür. Vielleicht sollte er auch einfach um die Mauer herum gehen.

In unserer vom „Jugendwahn" besessenen Gesellschaft wird Alter mit Alzheimer, Armut und diversen körperlichen Gebrechen assoziiert und erfährt dadurch eine grob fahrlässige Herabwürdigung. Unsere Vorfahren hatten keine jungen Weisen. Sie hatten alte Weise. Das waren die, die sich mit Weitsicht und Großmut um die jungen Hitzköpfe und das Wohl des Stammes kümmerten. Es waren die, von denen man etwas lernen konnte. Heute wissen die Jungen meist alles schon viel besser. Je jünger, desto größer das Wissen, hat es den Anschein. Schade, denn der nachwachsenden Generation gehen dadurch wirklich gute Informationen durch die Lappen. Und andere Sichtweisen – zum Beispiel auf die Betonwand. Deshalb gibt's viel mehr blutende Nasen und dicke Beulen, als notwendig wären.

Allerdings ist es auch so, dass viele Menschen, mangels eines bewussten Übergangs ins Alter, verlernt haben, sich mit der Weisheit auseinander zu setzen. Denn wahre Weisheit ist die des Herzens. Damit wären wir wieder bei der spirituellen Praxis. Ab einem gewissen Zeitpunkt ist es wichtiger sich mit dem Innenleben als mit äußeren Aktivitäten zu beschäftigen. Warum gibt es so viele Rentner, die nicht wissen, was sie mit sich und ihrer Freizeit anfangen sollen? Oder welche, die ununterbrochen auf Achse sind? Die einen werden „ramdösig", weil sie ohne Arbeit keinen Sinn mehr im Leben sehen. Die anderen fliehen, weil sie sonst ebenfalls in ein tiefes schwarzes Loch fallen. Der Sinn des Lebens ist nicht die Arbeit. Der Sinn des Lebens sollte woanders gesucht werden.

Die Entwicklung – Jugendwahn und Ablehnung des Alters - zeigt, dass auch hier etwas völlig aus dem natürlichen Rhythmus geraten ist. Alle wollen ewig jung sein, ohne zu erkennen, wie schön das Alter sein kann. Hier heißt es, beide Lebensabschnitte wieder auf das rechte Maß zurück zu führen.

IV.3 Sonne, Mond und Sterne:

Dieses Kapitel widme ich vor allem Sonne und Mond, den beiden für die Menschheit einflussreichsten Gestirnen des Universums.

Im Deutschen geben die Artikel vor, dass der Mond männlich und die Sonne weiblich ist. Doch in den meisten naturspirituellen Richtungen ist es genau umgekehrt. In etlichen andere Sprachen kann man es ebenfalls erkennen: La Luna (die Mondin), Le Soleil (der Sonner). Richtig müsste es heißen: Vater Sonne und Mutter Mond.

Sonne:
Die Sonne wird im Naturspirituellen als männlich-aktiv betrachtet. Sie sendet ihre Strahlen auf die Erde und bewirkt Wachstum. Ohne die Sonne würde alles Leben auf der Erde innerhalb kürzester Zeit verschwinden. Sie ist ein Lebenselixier, der Vater, der seine Kinder versorgt, ihnen von außen beim Gedeihen hilft. Er kann auch aggressiv werden, wie jeder bestätigen kann, der tagsüber in der Wüste unterwegs oder mittags am Strand eingeschlafen ist. Dann werden die heilsamen Strahlen zu aggressiven bis hin zu tödlichen Strahlen.

Die Tarotkarte „Die Sonne" verheißt vor allem eine schöne Zeit, ähnlich dem warmen Sommertag. Als Sternzeichen ist die Sonne dem Löwen zugeordnet, der ebenfalls durch Charme, ein sonniges Gemüt aber auch Willensstärke und Tatkraft auffällt.

In der Sonne können wir unsere hellen Heilsteine aufladen. Den Bergkristall zum Beispiel. Einen Tag im vollen Sonnenlicht und er hat wieder geballte Power.
Kräuter, die den Sonnenaspekt in sich tragen, werden tagsüber, am besten in der Mittagszeit, wenn die Sonne am höchsten steht, geerntet. Das Johanniskraut ist ein solches Gewächs. Seine Energie ist am kraftvollsten in der Mittagssonne.

Die Sonne ist in ihrer (sichtbaren) Form immer gleich, anders als der Mond. Doch durch ihre Entfernung zur Erde bewirkt sie, dass die Natur im Frühjahr erwacht, im Sommer üppig und vielfältig heranreift und im Herbst wieder zurückzieht. Die Sonne bewirkt das aktive und sichtbare Wachstum. Ganz anders der Mond.

Mond:
Der Mond wird mit dem Weiblichen, dem Gefühl und dem Geheimnisvollen in Verbindung gebracht. Nicht umsonst besteht das Symbol der Ur-Mutter aus dem zunehmenden, dem vollen und dem abnehmenden Mond. Der Mond ist vordergründig passiv. Im Gegensatz zur Sonne lässt er nicht Wachsen und Gedeihen, versengt nicht die Erde oder lässt Gletscher schmelzen. Er zieht ruhig seine Bahnen am nächtlichen Himmel und ist nur deshalb sichtbar, weil er von der Sonne angestrahlt wird. Doch sein Wirken ist ein indirektes, sein Einfluss auf die Meere über jeden Zweifel erhaben. Wasser steht als Sinnbild für Gefühl. Und auch der Mond hat viel mit der Gefühlswelt zu tun, mit dem, was innen liegt und nach außen unsichtbar ist. Daher steht er als Regent für das Sternzeichen Krebs. Gefühl ist indirekt. Es ist etwas, das in uns wirkt und – meist - eine Handlung nach sich zieht. Doch Mond ist nicht gleich Mond. Die verschiedenen Mondphasen haben jeweils andere Qualitäten:

Neumond (3 Tage lang)
Wo ist er denn? Wir müssen schon genauer hinsehen, denn nur schemenhaft zeigt er sich zu dieser Zeit am Nachthimmel. Mit dem Neumond geht ein Mondlauf zu Ende und der nächste beginnt. Er steht daher einerseits mit dem Begriff „Loslassen" in Verbindung. Alles, was wir nicht mehr wollen, kann nun energetisch forciert leichter aus unserem Leben geschickt werden. Das kann der krankmachende Job ebenso sein, wie die nervtötende Bekannte etc. Aber auch Dinge, die wir nur ungern loslassen mussten, können nun mit Energie besser verarbeitet werden. Der Auszug der Kinder beispielsweise oder der Tod eines lieben Menschen.
Neumond ist eine Zeit der Ruhe und des In-sich-Kehrens, bevor der neue Zyklus

beginnt. Aus dieser Ruhe streben oft neue Impulse und Ideen in unser Bewusstsein, die sich mit zunehmendem Mond weiter manifestieren können.
Neumond ist daher andererseits bestens geeignet, um Pläne zu schmieden, neue Ziele zu definieren oder den Grundstein für ein Geschäft zu legen. Wollen wir einen neuen Partner oder einen neuen Job? Jetzt ist die beste Zeit, diesen Wunsch mit Power ins Universum zu schicken.

Neumond ist ebenso eine gute Zeit, um das im verborgenen Liegende zu ernten, also Wurzeln. Oder um Bäume und Sträucher zu schneiden, denn zu dieser Zeit fließt weniger Saft durch die Stämme und Äste und man schadet der Pflanze nur minimal. Wer mit Holz arbeitet, weiß, dass der ideale Zeitpunkt zum Schlagen von Bäumen ein Neumondtag im Winter ist. Das Holz trocknet schneller und bildet dabei wenig bis gar keine Risse.
Im magischen Arbeiten nutzen wir den Neumond für Abwehr- oder Bannzauber.

Weniger gut geeignet ist diese Zeitqualität für chirurgische Eingriffe, da Wunden schlechter heilen als sonst.

Zunehmender Mond (12 Tage lang)
In dieser Zeitqualität geht es ums Vermehren. Wir haben neue Kraft geschöpft und sind bereit zu neuen Taten. Was wir zu Neumond aktiviert haben, kann nun in Ruhe anfangen zu fließen. Vielleicht gehen wir in diesen Tagen bereits zum Tanz oder Blind Date und lernen dabei unseren Traum-Partner kennen oder die Bewerbung auf die Mini-Kleinanzeige in der Zeitung beschert uns den Job, der bestens zu uns passt. Probleme können plötzlich viel besser bewältigt werden als zuvor. Auch der Körper nimmt alles besser und schneller auf – Vitamine, Mineralien aber auch Kalorien. Deshalb Vorsicht bei Fünf-Gänge-Menüs, Sahnetorte und Eisbomben. Die hängen schnell auf den Hüften und machen sich's dort gemütlich.

Auch bei zunehmendem Mond sollte man Operationen möglichst vermeiden, ebenso wie körperliche Strapazen. Wer also vorhat, mit dem Marathon-Laufen zu beginnen, sollte das noch ein Weilchen verschieben.

Beim magischen Arbeiten nutzen wir den zunehmenden Mond, um alles zu beschleunigen was wir aufbauen, verbessern, wachsen lassen wollen. Ideal ist diese Zeit auch für Schutz- und Heilungszauber.
Die dreigestaltige Göttin zeigt sich im zunehmenden Mond im Aspekt der Jungfrau.

Vollmond (3 Tage lang)
Der Mond zeigt es uns am Himmel: So voll und rund und strahlend, wie er da steht, so wirken die Energien in dieser Zeit. Es ist die Zeit der Fülle. Was wollen wir? Wünschen wir es uns doch einfach in dieser Nacht und es wird in unser Leben kommen. Da der Mond in den nächsten 14 Tagen wieder abnimmt, könnte es etwas sein, was mit dieser Qualität zu tun hat.

Während des Vollmondes können wir aber auch unsere körperlichen, geistigen, spirituellen Kräfte aufladen und stärken, indem wir die Energie des vollen Mondes in uns hineinziehen. Das können wir am besten in der Natur und an einer Stelle, wo wir den Mond gut sehen. Wer Angst hat, nachts im Wald umherzuwandern, kann sich auch ein Plätzchen auf einer Wiese im Park suchen. Und wem auch das zu gefährlich erscheint, bleibt einfach auf seinem Balkon, oder seiner Terrasse. Gut wäre allerdings, wenn der Mond von hier aus sichtbar ist. Wenn er erst nachts um Zwei um die Hausecke kommt, dann stellen wir uns einfach den Wecker, oder stimmen uns in der Zeit davor schon ein wenig meditativ ein.
Ist der Mond hinter Wolken versteckt, können wir uns vorstellen, wie schön voll er in seinem leicht gelblichen Licht vom Himmel strahlt. Können wir ihn sehen? Umso besser! Wir schauen ihn an und visualisieren, wie der Mond (besser wäre: die Mondin) seine kraftvollen Strahlen zu uns fließen lässt. Sie fließen durch unser Kronen-Chakra (der höchste Punkt auf unserm Kopf) in unseren Körper und füllen ihn voll-

kommen aus. Das Energie-Licht fließt vom Kronen-Chakra hinab in die Arme, die Finger, die Brust, den Bauch, den Unterleib, die Beine und die Füße, bis wir völlig Licht durchflutet sind. Nun können wir bereits spüren, wie viel Energie uns dieses Licht gibt. Wenn wir glauben, dass es genug ist, danken wir dem Mond für seine Gabe und visualisieren, wie der Verbindungsstrahl sich wieder zum Mond zurückzieht. Das Licht in uns bleibt.

Haben wir das Gefühl, dass wir nun vor Kraft platzen könnten, war es vielleicht ein wenig zuviel. Von diesem Zuviel können wir der Erde etwas abgeben, denn sie kann immer Energie gebrauchen. Das machen wir, indem wir die Hände auf den Boden legen und der Erde anbieten, alle überschüssige Energie zu nehmen und dort zu verwenden, wo sie gebraucht wird. Aber Vorsicht: Nicht das Wort „überschüssig" vergessen. Mir ist das einmal passiert. Und – schwups – war meine gesamte schöne Energie dahingeflossen. Danach fühlte ich mich schlapp, hatte Kopfschmerzen und es ging mir generell nicht gut.
Wir können die überschüssige Energie auch in unsere magischen Gegenstände, Amulette, Talismane oder sonstigen Werkzeuge lenken. Dazu visualisieren wir einfach, wie die überschüssige Energie durch unsere Hände in diese Gegenstände fließen.

Im Vollmond zeigt die Göttin ihren Mutter-Aspekt. Diese Nächte sind hervorragend für tolle Feste geeignet, in der wir die Mondin und damit die Göttin ehren. Diese Nächte haben eine kraftvolle Energie. Doch sie verleiten auch dazu, übers Ziel hinaus zu schießen.
Der Vollmond hat die Qualität von Höhepunkt und Stärke. Magische Arbeiten, für die sich die Vollmond-Qualität daher am besten eignet sind: Etwas in unserem Leben zur Vollendung bringen, ein Ziel erreichen oder Heilung erfahren. Fühlen wir uns leer und brauchen Kreativität, Kraft, Liebe, aber auch Wissen, eine neue Richtung im Job, oder mehr Geld? Dann nutzen wir die Vollmond-Energie. Auch Fruchtbarkeit gehört in diesen Bereich.

Abnehmender Mond (12 Tage)
Ist schon länger eine Diät geplant oder wollen wir mit dem Rauchen aufhören? Jetzt ist ein guter Zeitpunkt dafür. Es ist die Zeit des Loslassens, des Entgiftens und Entschlackens. Alles, was gehen soll, verschwindet nun ohne größere Kraftakte. Es ist die Zeit der Reinigung. Dadurch sammeln Körper und Geist wieder neue Energien. Aber auch alles andere, was nicht mehr in unser Leben passt, kann in dieser Zeit besser als sonst losgelassen werden. Das können andere Menschen (steht eine Trennung oder Scheidung an?) oder bestimmte Situationen sein (gibt es Blockaden, die mich behindern?). Auch Entrümpeln und Putzen fallen an solchen Tagen leichter.

Beim magischen Arbeiten steht nun alles im Vordergrund, was weggeschickt oder gebannt werden soll. Krankheiten und Blockaden können weggeschickt werden. Besser ist allerdings zu sagen: Sie können transformiert werden, denn eine Krankheit oder eine Blockade erfüllt ja ihren Zweck. Negative Energien können gebannt werden, beispielsweise die des Nachbarn, der mich ständig belästigt oder die der Kollegen, die mich zu mobben versuchen.

Schwarzmond (3 Tage vor Neumond)
Der Schwarzmond ist im Prinzip die Nacht, in der vom Mond nichts, zu sehen ist. Diese Nacht gehört bei vielen Naturreligiösen zur Neumond-Phase. Manche Gruppen wiederum betrachten ihn noch einmal gesondert als Mond des Loslassens und der Beschäftigung mit dem Unbewussten. In dieser Nacht könne besonders gut Innenschau gehalten werden. Visionen und Träume können intensiver wahrgenommen werden. Das sollte jeder am besten selbst mal ausprobieren.

Sterne:
Astrologie – alles Humbug? Sterne, die so weit weg sind, können doch keinen Einfluss auf uns Menschen haben! Sicher? Naturreligiöse Menschen glauben daran, dass nichts im Universum einfach aus einer Laune heraus existiert. Alles übt Einfluss

auf alles andere aus. Warum also sollte es bei den Sternen nicht so sein? Gerade die uns am nächsten sind, haben doch eine gewisse Masse und Energie, die nicht an ihren räumlichen Grenzen Halt macht. Deshalb beachten viele Naturspirituelle bei ihren Handlungen die Energie dieser Planeten.

Auch zur Astrologie und den Planeten gibt es eine Unmenge an Büchern. Deshalb behandle ich dieses Thema hier nur sehr kurz und stelle die wichtigsten Aspekte der Planeten unseres Sonnensystems vor. Jedes Sternzeichen hat einen bestimmten Regenten und in jedem Jahr übt ein anderes Gestirn auf uns Einfluss aus. An Jahresregenten sind es nur die „alten" Sieben: Saturn, Jupiter, Mars, Sonne, Venus, Merkur und Mond. Doch auch die beiden „Neuen" Uranus und Pluto haben natürlich ihre Entsprechungen und Regentschaften, weshalb ich sie ebenfalls vorstelle.
Hier die Reihenfolge nach Entfernung zur Erde:

Merkur
Hauptaspekte des Merkurs sind sein analytischer Verstand, der Intellekt, die Kommunikation und Information. Unter seinem Namen Hermes ist er vielen auch als Götterbote bekannt. Er ist der Regent der Sternzeichen Zwillinge und Jungfrau.

Merkur läuft etwa viermal im Jahr rückwärts. In dieser Zeit ist es nicht ratsam Verträge zu unterschrieben oder sich auf Versprechungen zu verlassen etc., da es öfter als sonst zu Missverständnissen kommt.

Venus
Den Hauptaspekt der Venus brauche ich im Prinzip nicht vorzustellen: Es ist die Liebe. Dazu gehören die Harmonie, die Ästhetik und Sinnlichkeit. Nach der Sonne ist die Venus der hellste Planet am nächtlichen Himmel. Als Regent wird die Venus der Waage und dem Stier zugeordnet.

Mars
Mars ist der Kämpfer. Er hat Energie, Feuer, strotzt vor Tatkraft und schießt, wenn er nicht gezügelt wird, gerne übers Ziel hinaus. Der rote Planet passt daher als Regent optimal zu dem Sternzeichen Widder.

Jupiter
Jupiter ist ein Glücksplanet. Er steht für Optimismus, für gutes Gelingen, Toleranz Wachstum, aber auch für die Beschäftigung mit Philosophie, Spiritualität, Religion. Diese Aspekte finden wir auch im Schützen wieder, dem Sternzeichen, das Jupiter regiert.

Saturn
Konsequenz, Geduld und Beharrlichkeit sind die Aspekte des Saturn. Er will Ordnung und Klarheit. Mit einem klaren Ziel, strukturiertem Vorgehen und Fleiß fährt der Bauer im Herbst die Ernte ein. Auch der Saturn steht für diesen konsequenten, oft anstrengenden Einsatz, um nach der Mühe, die Ernte einzufahren. Saturn ist der Herrscher des erdverbundenen Steinbocks.

Uranus
Dieser Planet steht für Forschungs- und Erfindungsgeist, für Extravaganz und Intuition. Ihm wird eine gehörige Portion Eigenwilligkeit zugesprochen. Normen sind ihm in der Regel ein Gräuel. Er liebt die Freiheit, ist emanzipiert, will Neues entdecken und erobern, flexibel und beweglich sein. Er gilt als extrovertiert und intelligent, so wie der Wassermann, dessen Regent er ist.

Neptun
Neptun ist der mystische unter den Planeten. Ihm wird das Nebulöse, das Geheimnisvolle und die Beschäftigung mit der Spiritualität zugeschrieben. Auch die universelle Menschenliebe, Helferwille und soziales Engagement werden dem Neptun zugeordnet. Seine Regentschaft hat er für das Sternzeichen Fische übernommen.

Pluto
Hauptaspekt von Pluto ist die Verwandlung, die Transformation. Er steht auch für den geistigen Willen und unsere ureigene Motivationskraft, die sich ständig auf unser Selbstbild auswirkt, aber auch für die Abgründe der Seele. Pluto hat etwas Extremes. Er zerstört immer wieder Altes und Überholtes, damit Neues entstehen kann. Als Regent ist er dem Skorpion zugewiesen.

V. Heilen – Die Natur kennt die Antwort

V.1. Was ist Krankheit?

Eine Krankheit ist ein Fingerzeig der Seele. Sie manifestiert sich dadurch, dass der Mensch, oder besser das Ego, gegen seine Natur arbeitet. Er begibt sich in Zwänge, er blockiert sich durch bestimmte Denkens- oder Verhaltensmuster, er arbeitet, wenn er ruhen sollte und vieles mehr.

Nehmen wir als Beispiel Frau A. Sie hat einen Chef, der sie geringschätzt und ihre Arbeiten als seine eigenen verkauft. Nun kommt es wieder mal zu einer Situation, in der er sie vor den Kollegen tadelt. Klar, dass sich Frau A. nun nicht gut fühlt und über dieses Verhalten gelinde gesagt „verschnupft" ist. Die Seele weist - mit sagen wir einem Schnupfen – dezent darauf hin, dass diese ungesunde Arbeitssituation verändert werden muss. Frau A. ignoriert den Schnupfen, zieht den Kopf ein und macht weiter.

> *Willst Du den Körper heilen, musst Du zunächst die Seele heilen.*
>
> (Platon, 427–348 v. Chr.)

Die Seele allerdings sagt „so nicht!", und schickt ihr eine handfeste Grippe. Frau A. will ihren Job nicht verlieren und kuriert sich nur unzureichend aus. Der Druck auf sie nimmt weiter zu, der Chef wird immer unausstehlicher und sie hat über so viel „Herzlosigkeit" des Vorgesetzten selbst kurze Zeit später eine Herzbeutelentzündung. Die setzt sie nun für längere Zeit außer Gefecht und somit bekommt sie genügend Zeit, ihre Situation genau zu durchdenken und zu überlegen, welchen neuen Kurs sie einschlagen will. Sollte sie weiter die Augen verschließen und weitermachen, käme über kurz oder lang ein richtig großer Knall.

Nun ist das alles auch rein medizinisch sehr gut nachvollziehbar. Ein Schnupfen, der übergangen wird, schwächt das Immunsystem und der Körper ist anfälliger für eine Grippe. Ganz klar! Wenn die Grippe nicht richtig auskuriert wird, kann es aufs Herz schlagen. Auch ganz klar! Die Medizin hat aus ihrer wissenschaftlichen Sichtweise heraus Erklärungen für viele Krankheiten gefunden. Und da eine ganze Menge Menschen diesen Ablauf zeigten, war es für die Medizin bewiesen, dass dies ein typisches körperliches Problem ist.

Doch dabei bleiben ein paar Fragen offen. Zum Beispiel: Warum gab es Ärzte, die Pestkranke behandelten, ohne selbst vom Pestvirus befallen zu werden. Warum kann jemand mit 100 Menschen zusammen sein, die Grippe haben, ohne ebenfalls krank zu werden. Ist es tatsächlich auf ein gut funktionierendes Immunsystem zurück zu führen? Oder braucht der Körper einen Anlass für eine Krankheit, der auf geistig/seelischer Ebene liegt. Auch eine Wunderheilung ist aus dieser Sicht kein Wunder. Denn schaut man sich den so spontan Gesundeten einmal an, kann man immer erkennen, dass er kurz vor seiner Heilung etwas in seinem Leben verändert hat. Und wenn es nur ein Entschluss war, den er aus vollem Herzen gefasst hat. Mit dieser Veränderung wurde die Krankheit als Fingerzeig überflüssig.

Ich will hiermit auf keinen Fall die Erkenntnisse und Errungenschaften der Medizin schmälern. Viele klugen Leute haben geforscht und entwickelt, um Leben zu retten, Gesundheit wiederherzustellen und Krankheiten vorzubeugen. Ich bin sehr dankbar dafür und für all diejenigen, die in Heilberufen arbeiten, dass sie sich in dieser Weise für andere Menschen einsetzen. Auch für mich.

Ein wundervoller nächster Schritt in der Entwicklung der Medizin wäre nun, nicht nur den Körper mit seinen Funktionen zu betrachten, sondern die Seele mit einzubeziehen. Weniger Apparate, dafür mehr ganzheitliche Betrachtungsweisen würden die Medizin auf ein neues Level heben. Was will uns der Schlaganfall sagen, oder der Diabetes?

Hier sind wir wieder bei den Schamanen und Hexen, die seit je her auf diese Weise den Kranken betrachtet und behandelt haben. Und das mit großem Erfolg. Allerdings ist bereits zu erkennen, dass es langsam in diese Richtung geht. Seitdem die Quantenphysik das alte Weltbild auf den Kopf gestellt hat, öffnen sich auch Mediziner immer mehr den Naturheilweisen jeglicher Art. Eine wunderbare Ergänzung. Ich finde das fabelhaft.

Und damit kommen wir noch mal zu den Symptomen von Frau A. Wissenschaftlich ist logisch erklärbar, warum sie diesen Krankheitsverlauf hatte. Nun schauen wir mal nicht nur auf den Körper, sondern auch auf das „Warum" hinter der Krankheit. Diese Frage beantwortet uns immer die Seele. Hätte Frau A. bereits im Schnupfen-Stadium auf den Tisch gehauen und ihrem Chef die rote Karte gezeigt, wären ihr die Grippe und die Perikarditis erspart geblieben. Sie hätte in einen anderen Job wechseln können und damit wäre die Krankheit überflüssig geworden. Oder sie hätte im Gespräch mit dem Chef geklärt, dass sie dieses Verhalten nicht mehr toleriert. Damit hätte sie Mut bewiesen und die Krankheit wäre gegangen. Es sei denn, sie wäre wieder in die alten Verhaltensmuster gefallen.

Zusammengefasst heißt das für mich: Heilen ist immer eine ganzheitliche Sache. Wer heilen will, muss Körper, Geist und Seele sehen, nicht nur das Symptom. Es geht um das Erkennen der Ursache und die liegt immer außerhalb des Körpers. Das wussten die Schamanen aller Kulturen bereits vor Tausenden von Jahren. Und ihre Technik wirkt heute noch ebenso wie damals.

Wo wir gerade bei den Schamanen sind, schauen wir uns diese einmal genauer an:

V.2 Schamanismus

Schamanen sind die ältesten Heiler der Welt und darüber hinaus noch viel mehr. Sie waren die ersten, die eine spirituelle Praxis ausübten und sie traten auf den Plan, sobald die Menschen anfingen, Gemeinschaften zu bilden und ein Bewusstsein für ihr Menschsein zu entwickeln. Schamanismus ist keine Heilkunst oder Religion an sich, es ist eine Weltanschauung.

Schamanen waren Auserwählte, die sich mit den Heilkräften der Natur auskannten. Sie wussten um die Wirkkraft von Kräutern, Wurzeln, Pflanzen, nicht nur auf körperlicher sondern auch auf feinstofflicher Ebene. Vor allem aber kannten sie den Zugang zur „Anderswelt" (Nichtalltägliche Wirklichkeit), zu der realen Welt im geistigen Reich. So ist es noch heute. Es hat sich in den Tausenden von Jahren, in denen es Schamanen gibt, nichts verändert.

Immer wenn es an der Zeit war, eine neue Energieform zu entdecken, gab es Menschen, die damit umgehen und anderen helfen konnten. So war es in jedem Zeitalter der Geschichte der Menschheit, sonst hätten wir nie und nimmer überleben können. Und bezeichnender Weise gab es Schamanen in allen Teilen der Erde, egal ob in Asien, im heutigen Amerika, Australien oder Afrika, die nach demselben Prinzip gearbeitet haben - obwohl sie sich nie begegnet sind, geschweige denn ihr Wissen hätten austauschen können. Vor zig Tausend Jahren gab es eben noch keine Vernetzung. Zumindest nicht in dem Sinne, wie wir sie heute kennen. Auf anderer Ebene gab es sie schon. Denn in der Welt, die großteils - noch - als nicht existent belächelt wird, ist alles mit allem verbunden.

Dazu gibt es sogar einen fundierten Beweis: Im Jahre 1958 versorgten Wissenschaftler auf der japanischen Insel Kjima eine Gruppe Affen mit Süßkartoffeln. Erst verzehrten die Tiere die Kartoffeln, so wie sie ihnen hingelegt wurden. Doch dann fing der erste Affe an, seine Kartoffeln vor dem Genuss zu waschen. Nach und nach verbreitete sich in seiner Gruppe diese Angewohntheit und nach kurzer Zeit wuschen alle Affen auf der Insel ihre Kartoffeln.

Dann entdeckten die Wissenschaftler etwas Außergewöhnliches: Das Verhaltensmuster der Kjima-Affen hat scheinbar eine natürliche (also wissenschaftlich nachvollziehbare) Barriere übersprungen. Auch die Affen auf anderen Inseln und dem Festland begannen ihre Kartoffeln vor dem Verzehr zu waschen. Wohl gemerkt, ohne dass sie je Kontakt zu ihren Artgenossen auf Kjima gehabt hätten. Heute hat man einen Ausdruck für die Energieform, in die alle Wesen der Erde eingebunden sind und die solche Phänomene möglich machen: „Das Morphogenetische Feld".

Schamanen aller Kulturen verwendeten von Beginn an dieselben Heil-Praktiken. Diese bestanden und bestehen noch heute vor allem darin, sich mit Hilfe einer Trommel, eines wilden Tanzes oder auch Rauschmitteln in einen anderen Bewusstseinszustand zu versetzen und auf eine so genannte „schamanische Reise" zu gehen. Es ist eine Reise in die Anderswelt, die genauso real existiert, wie unsere dreidimensionale Welt.
Dort begegnet der Schamane Krafttieren, Lehrern und anderen Wesen, die ihm bei seiner Arbeit behilflich sind. Sie berichten ihm, wo die wahre Ursache der Krankheit ihres Patienten liegt und auf welchem Wege die Heilung erfolgen soll. Auch Seelenteile, die dem Patienten abhandengekommen sind – zum Beispiel durch Traumata – kann der Schamane wieder zurückbringen. Oder Ungesundes, was die Lebensenergie blockiert, entfernen.

Nun könnte man vermuten, dass diese andere Welt der überbordenden Phantasie oder einem vom Rausch benebelten Gehirn entspringt. Weit gefehlt! Viele Skeptiker, die eine schamanische Reise angetreten sind, um zu beweisen, dass das alles Humbug ist, kamen mehr als überrascht wieder zurück. Man kann sich zwar vorher vorstellen, wie es dort sein und wem man alles beggenen wird, doch was man dann findet, steht auf einem völlig anderen Blatt.

Ich selbst hatte mir vorgestellt, dass mein Krafttier eine Eule sein muss, weil ich schon immer einen besonderen Faible für Eulen hatte. So felsenfest überzeugt ging ich also auf eine meiner ersten schamanischen Reisen. Und wurde enttäuscht. Ich begegnete einer Eule und freute mich schon. Doch dieses Federvieh wollte überhaupt nichts von mir wissen. Es saß im Baum und drehte einfach den Kopf weg, als ich es ansprach. Auch längeres Warten und nochmaliges Ansprechen nutzte nichts. Die Eule zeigte mir die kalte Feder. Ich war maßlos enttäuscht. Und ich suchte weiter, bis ich mein Krafttier gefunden hatte. Oder besser: Bis es mir aufdringlich genug gefolgt ist, dass ich es bemerkt habe.

Apropos Reisen: Jeder kann das schamanische Reisen lernen, sofern er in der Lage ist, sich dafür zu öffnen. Das heißt nicht, dass jeder auch ein Schamane sein kann. Dazu gehört noch ein bisschen mehr. Wer sich aber unvoreingenommen auf eine schamanische Reise begibt, bekommt dort Antworten, die den Nagel auf den Kopf treffen. Auch wenn er im ersten Moment daran zweifelt. Allein daran ist bereits zu erkennen, dass es sich hier nicht um Phantasie-Reisen handelt, in denen man sich die passenden Antworten aus den Fingern saugt. Sondern dass die Reisen in eine Welt führen, die genauso real existiert, wie die Welt, die wir mit unseren fünf Sinnen wahrnehmen.

Schamanen gibt es in allen Kulturen und Religionen, da es sich um eine Weltanschauung und eine spirituelle Praxis handelt, die an keine Religion gebunden ist. Doch darf man nicht vergessen, dass der Schamanismus sich zu einer Zeit entwickelt hat, als die Menschen naturspirituell unterwegs waren. Sie waren noch frei vom Gedanken an einen Sündenfall und dass ein Gott über ihnen steht und alles lenkt. Sie fühlten sich von je her mit der Natur und der geistigen Welt auf Augenhöhe und genau dort gehört der Schamane hin.

V.3 Von Kräuterhex' bis Miraculix

Hexen arbeiten im Prinzip wie Schamanen, weshalb es kaum einen Unterschied zwischen beiden gibt. Wie der Schamane wissen auch sie um die Heilkräfte der inneren und äußeren Natur. Sie waren von je her kräuterkundige, magisch arbeitende und weissagende Frauen. Die meisten von ihnen kennen sich mit den Gewächsen ihrer Umgebung aus, wissen welche Pflanzen wann gepflückt und wie zubereitet werden müssen, um ihre besten Heilkräfte zu entfalten. Der Volksmund kennt den Spruch „Gegen alles ist ein Kraut gewachsen". Solche Sätze haben ihren tieferen Sinn. Denn tatsächlich ist es so, dass die Natur für alles eine entsprechende Medizin bereithält. Die Germanen machten sich dieses Wissen auch auf anderem Gebiet zunutze. Sie aromatisierten ihren Met mit Mädesüß. Die darin enthaltene Acetylsalicylsäure wirkte dem „Kater" entgegen. So hatten Sie also ihr Aspirin gleich in den Met eingebaut.

Aber zurück zu den Hexen. In der Hexenmedizin geht es nicht allein darum, die Wirkstoffe von Pflanzen zu kennen, sondern auch um die Fähigkeiten mit den Geistern von Pflanzen und Tieren zu kommunizieren. Denn sie wissen am besten, was dem Menschen gerade hilft.
Hierbei geht es nicht um strikte Regeln wie beispielsweise: Bei Husten hilft Spitzwegerich. Natürlich, der hilft schon, doch im Weiteren geht es darum, zu fragen: Wenn ich das Symptom Husten mit Spitzwegerich behandle, was kommt dann zum Vorschein? Welche Ursache liegt ihm zugrunde? Auf körperlicher Ebene ist es vielleicht eine Bronchitis. Auf geistiger Ebene handelt es sich dagegen um gestörte Kommunikation. Wo sollte der Patient einmal seine Meinung sagen oder ist er ein Egomane, der nur sich kennt und sein Gegenüber zutextet?

Die Bronchien haben vor allem mit dem Atem, dem Austausch von Luft zu tun. Und Luft ist das Element, das für Kommunikation und Lebensatem steht. Es ist ein sehr vereinfachtes Beispiel, an dem man erkennen kann: Das Mittel der äußeren Natur kann der Spitzwegerich sein. Er lindert die Beschwerden, beseitigt die Symptome. Das Mittel der inneren Natur – nämlich destruktive Kommunikation – ist auf geistiger Ebene angesiedelt. Da helfen je nach Typ vielleicht Pulsatilla oder Lachesis. Welches das Mittel der Wahl ist, sollte ein Heilpraktiker oder homöopathisch geschulte Arzt feststellen.

Kräuter werden von Hexen nicht nur körperlich angewendet, sondern auch bei magischen Arbeiten. Denn die Pflanzengeister – Devas genannt – haben mehr drauf, als nur menschliche Zipperlein zu heilen. Sie können Liebe und Geld anziehen, negative Energien bannen, Illusionen in Klarheit verwandeln, Minderwertigkeitskomplexe in Selbstbewusstsein transformieren und einiges mehr. Mit Mineralien verhält es sich ebenso. Ihre Kraft beispielsweise im täglichen Trinkwasser kann „Wunder" bewirken.

Der Druide ist im Prinzip das männliche Pendant zur Hexe, wobei er allerdings mehr Macht hatte. Er kommt aus dem keltischen Kulturgebiet und war Heiler und Weiser seines Dorfes. In Miraculix, dem Druiden aus den „Asterix & Obelix"-Comics, haben seine Schöpfer ein recht gutes Bild gezeichnet. Der etwas schusselige, liebenswürdige, weise alte Mann kennt die Natur des Menschen wie die Natur des Himmels und der Erde. Er steht im Rang selbst über dem Häuptling des Dorfes. Sein Wort hat Gewicht und er ist der Einzige, der keine Angst davor hat, dass ihm der „Himmel auf den Kopf" fällt. Seine Tränke verleihen Mut und Kraft. Nicht weil er irgendwelche Wundermittel verkocht hat, sondern weil der Druide die Psyche seiner Dorfbewohner kennt. Er weiß genau, welche Wirkung er bei seinen Mitmenschen erzeugt, wenn er geheimnisvolle Zutaten in einem riesigen Kessel kocht und versichert, dass dadurch übermenschliche Kräfte zutage treten. Durch diesen Trick ist das Dorf unbesiegbar, denn alle Gallier (Kelten), bis hin zum alten Krückstock schwingenden Methusalix, spüren nach dem Genuss des Trankes plötzlich die verheißene Kraft und verteidigen furchtlos und mutig ihr Gebiet gegen die Römer.

V. 4 Der Geist heilt den Geist

Wie mit der schamanischen Heilkunst verhält es sich auch mit der Homöopathie oder den Bachblüten. Einmal entdeckt, braucht an dieser Therapieart nie wieder etwas verändert oder modernisiert werden. Denn die Heilmethoden entstammen direkt der Natur und sind einfach nicht zu verbessern.

Weil der Geist den Geist heilt, funktioniert auch das Auflösen von bestimmten Mustern, die Krankheit verursachen. Hinzu kommt, dass Zeit eine Erfindung des Menschen ist. Wir können also im Geist zurück gehen in unsere Kindheit, in unser vorheriges Leben oder ein weiter zurückliegendes Leben, so ähnlich, als würden wir den Finger auf das eine Ende eines Lineals legen und dann zurückfahren bis zum anderen Ende.

Mit der Zukunft ist das so eine Sache. Wir können auch dorthin schauen und dabei Dinge sehen, die eintreffen werden oder uns mit unseren Nachkommen unterhalten. Der Keim der Zukunft liegt in der Gegenwart oder Vergangenheit und sollte sich der Keim so entwickeln, wie es natürlicherweise der Fall ist, ohne dass Störungen eintreten, wird das und das in der Zukunft eintreten. Sollte während der Entwicklung des gelegten Samens eine Panne auftreten (also: es tritt jemand auf das kleine Pflänzchen, das sich gerade aus der Erde geschafft hat, oder es wird nicht gegossen, sprich nicht weiter mit Energie versorgt), bewirkt dies eine sofortige Änderung in der Zukunft. Deshalb ist Zukunftsschau nicht einfach.

Aber zurück in die Gegenwart und die Vergangenheit. Wie gesagt, Zeit ist eine Illusion. Das hat auch die Quantenphysik mittlerweile hinreichend dargelegt. Deshalb können wir in die "Vergangenheit" reisen und dort Muster auflösen, die uns in der "Gegenwart" zu schaffen machen. Beispiel: Eine Frau lebt nach dem Muster „Ich bin als Frau nicht liebenswert und alle Männer gehen fremd." Dieses Muster wurde eventuell in der Kindheit angelegt, in einem lieblosen Elternhaus, in dem die Mutter oft weinte, weil der Vater wieder bei einer Geliebten war. Es kann auch in einem früheren Leben bereits angelegt worden sein. Gehen wir aber einfach mal von der Kindheit in diesem Leben aus. Das Muster ist also ab einem gewissen Zeitpunkt verinnerlicht und wirkt sich nun bei jeder Gelegenheit aus. Die Frau wird daher sehr wahrscheinlich immer wieder Männer kennen lernen, von denen sie betrogen wird. Man kann sich ohne viel Phantasie vorstellen, wie unglücklich sie ist. Vor allem aber kann man sich vorstellen, dass sie durch ihre Erfahrungen immer wieder in ihrer Annahme „Ich bin nicht liebenswert und alle Männer gehen fremd" bestätigt wird. Eine Spirale, die sich immer weiter dreht, denn logischerweise verschwindet das Muster nicht einfach schwuppdiwupp irgendwann.

Trotzdem hat die Frau es zu jeder Zeit in der Hand, aus dieser Spirale auszubrechen. Dazu muss sie sich das Muster allerdings erst einmal ansehen. Sie muss es sich bewusst machen. Das ist der erste schwierige Schritt, denn Muster haben oft die blöde Angewohnheit, sich zu verstecken oder zu tarnen, indem sie einfach ein anderes Muster drüber legen.

In unserem Fall hat die Frau das Muster (vielleicht mit Hilfe einer Hexe) erkannt. Wie heißt es so schön im Volksmund: „Gefahr erkannt, Gefahr gebannt." Nun geht's ans Auflösen, oder besser gesagt ans Transformieren. Denn eine vorhandene Energie kann man nicht einfach ins Nirwana schicken und denken, sie löst sich dort auf. Man kann sie aber sehr wohl in etwas Anderes transformieren.

Nehmen wir wieder unsere Frau, die mit Hilfe eines bestimmten Prozesses, zum Beispiel dem Realighting (es gibt noch weitere gute Therapien), bis zum Entstehungspunkt des Musters geht und sieht, was es bisher in ihrem Leben angerichtet hat. Das geschieht während einer inneren Reise. Sie entscheidet sich dafür, dass diese Denk- und Verhaltensform nun nicht mehr zu ihrem Leben gehören soll und beginnt die Transformation des „Ich bin nicht liebenswert und alle Männer gehen fremd" in etwas Positives. Das Positive kann sein: Selbstbewusstsein und Lebensfreude. In was das Muster transformiert wird, ist ganz individuell. Dafür gibt es keine Vorgaben. Die Umwandlung kommt quasi aus der Seele selbst. Sobald sich dabei das Hirn einschaltet, kann man von vorne beginnen.

Eine erfolgreich durchgeführte Transformation wird normalerweise dazu führen, dass die Frau an neues Selbstbewusstsein erlebt. Und damit ausgestattet wird sie Männer kennen lernen, die sie respektieren und für die „Fremdgehen" ein Fremdwort ist.

VI. Orakel

Beim Thema Orakel reiben sich einige Zeitgenossen die Hände: O ja, in die Zukunft sehen. Viele andere Mitbewohner unseres blauen Planeten schlagen selbige aber über dem Kopf zusammen: O nein, das will ich gar nicht wissen. Die einen stürmen die Zelte oder Praxen der Kartenlegerinnen, den anderen wird schon allein bei dem Gedanken, die Zukunft vorhergesagt zu bekommen, ganz übel. Es könnte ja „etwas Schlechtes" sein.
Nun ja, räumen wir erst einmal mit einer Vorstellung auf, die sich in vielen Köpfen wie ein Blutegel festgesaugt hat: Die Zukunftsschau. Alles im Leben fließt, ob man will oder nicht. Man kann sich das so vorstellen, als ob wir uns in einem fließenden Gewässer befinden. Vielleicht ein Fluss. Der fließt an manchen Stellen schneller, an anderen langsamer. Komme ich zu sehr an den Rand des Flusses, habe ich auch zeitweise das Gefühl, dass nix mehr voran geht oder lande ich in einem ruhigen Seitenarm, dann trägt mich das Leben vielleicht gemütlich dahin. Vielleicht ist mir auch einfach nur todsterbenslangweilig. Dann gibt es in Flüssen – die Rafting-Abenteurer wissen das – hier und da ein paar Felsbrocken. Die bewirken, dass wir blitzschnell unserem kleinen Kanu eine andere Richtung geben müssen. Und schon ist der Weg wieder frei. Oder das nächste Hindernis taucht auf – je nach dem.

Wir, die wir unser Kanu lenken, sehen nur das, was direkt vor uns ist. Darauf konzentrieren wir uns, um unser Lebensschiffchen heil durchs Fahrwasser zu manövrieren. Wir wissen aber, dass es um uns herum noch viel mehr gibt, als unser kleines Kanu und die Wellen vor uns. Und mit all den uns zur Verfügung stehenden Sinnen – und das sind weit mehr als fünf - nehmen wir das Komplettbild auch wahr. Doch haben wir oft einfach nicht die Zeit und die Muße, um es richtig zusammenzusetzen. Oder wir sind so verbissen damit beschäftigt, mit unserem kleinen Kanu einen dicken Felsen zu traktieren, in der Hoffnung, er möge sich doch endlich verdünnisieren, dass wir keinen Blick für die Umgebung haben.

Was hat das alles mit dem Kartenlegen zu tun?
Ganz einfach: Jede seriöse Kartenlegerin (und ihr männlicher Kollege) wird dem Kunden erst einmal erklären, dass Kartenlegen im Prinzip nur einen Blick über den Kanu-Rand bedeutet. Die Kartenlegerin ist praktisch die zweite Person im Boot und kann sich in Ruhe das Drumherum anschauen. Sie sieht nicht nur die Wellen und den dicken Felsbrocken vor dem Boot, sondern hat den Überblick über den gesamten Fluss, die Landschaft drum herum, den Himmel mit seinen Wolken, weitere Kanufahrer etc. Dadurch dass der Kunde zu ihr kommt, lädt er sie ein, in sein Boot zu steigen und von hier aus seine Lebensumstände zu betrachten. Die Karten dienen dabei nur als ein Instrument. Auch Runen, Kristallkugel, Kaffeesatz, schwarze Spiegel, Wasserschale, Knochen etc. funktionieren. Anhand dieser Instrumente kann die Deuterin dem Kunden helfen, das Gesamtbild zusammenzusetzen.

Anders ausgedrückt: Die Antworten auf seine Fragen, sind in der Seele des Kunden bereits vorhanden. Denn die Seele weiß genau, was Sache ist und wie ein Problem bewältigt werden kann. Aber ihre Stimme ist sehr fein und das Ego brüllt immer so laut. Da hat das feine Seelen-Stimmchen einfach oft keine Chance. Es sei denn, Mensch ist so klug und geht zu einem „Übersetzer" – der Kartenlegerin (oder Runenmeisterin oder Seherin oder, oder, oder).
Hier also spricht der Kunde über sein Problem, oder denkt daran – das ist völlig

egal. Dann zieht er Karten dazu. Und was viele Menschen dann doch erstaunt: Was die Kartenlegerin aus den Karten deutet, stimmt. Jedenfalls wenn sie ihr Handwerk versteht.

Woher sie das nur weiß? Bestimmt hat sie vor der Sitzung gründlich recherchiert. Im Internet, bei Freunden angerufen, auf der Arbeit erkundigt… Da hätte die arme Frau viel zu tun, wenn sie das bei jedem Kunden machen wollte. Nein. Sie deutet intuitiv die Legung, da ihre Seele in diesem Moment in enger Verbindung mit der vor ihr sitzenden Seele steht. Denn, wie wir schon erfahren haben, ist jeder mit jedem verbunden. Und so sind die beiden Seelen quasi im Zwiegespräch.

Manche Kartenlegerin sagt, sie steht mit ihren Göttern oder ihren Geistwesen in Verbindung. Egal, sie bekommt jedenfalls in dem Moment, wo sie sich für ihren Kunden öffnet, die richtigen Antworten. Versucht sie die Karten nur über den Kopf zu deuten, wird das Ergebnis sehr ungenau. Denn wer nur den Verstand benutzt, wird Orakel nie wirklich erfassen können.

Was die Kartenlegerin also anhand der Bilder erkennt, ist die momentane Lage ihres Kunden. Und darum geht es beim Kartenlegen oder beim Orakeln: Den aktuellen Zustand zu analysieren und daraus eine Prognose für die Zukunft abzuleiten.

Die Zukunft ist nicht festgeschrieben. Deshalb kann es nicht mehr sein als eine Prognose. Auch die Kartenlegerin sieht ja nur die Landschaft, in der sie zurzeit mit ihrem „Kanufahrer" unterwegs ist und den Felsen, den er gerade bearbeitet. Sie kann ihm aber den Tipp geben, um den Felsen herum zu fahren und ihm einen Ausblick auf das dahinterliegende Gewässer geben. Sie kann ihm erklären, wer alles an seiner Seite ist, um ihn notfalls aus dem Wasser zu ziehen und vor welchen Widersachern er sich hüten sollte. Oder sie berichtet ihm, wie die Wetteraussichten sind und wo das nächste ruhigere Fahrwasser zu finden ist.

Vom Jetzt ausgehend ist es deshalb möglich einen Blick in die nahe Zukunft zu werfen. Wobei diese nahe Zukunft bereits heute Abend eintreten kann oder nächste Woche oder erst in drei Monaten. Je nachdem, wie schnell der Rafter sein Kanu um den Felsen herum manövriert hat. Dann kommt die nächste Flussbiegung und schon sieht die Welt wieder ganz anders aus.

Nun kommt der „Kanufahrer" naturgemäß mit ein, zwei (drei, ganz vielen…) Fragen zur Kartenlegerin. Und er will Antworten. Die werden ihm in der Legung auch gegeben, ob ihm das schmeckt oder nicht. Gerade die Wandlungskarten wie der Tod und der Turm im Tarot, sind deshalb erfahrungsgemäß ziemlich verhasst. Am liebsten würde er ja hören, dass er eigentlich gar nichts tun muss und trotzdem alles wieder ins Lot kommt. Da aber niemand kommt, der sein Leben für ihn lebt und ihm seine Entscheidungen abnimmt, geschweige denn notwendige Veränderungen für ihn in Angriff nimmt, muss er das schon selbst tun.
Selbstverständlich gehen Veränderungen immer mit Ängsten einher. Und da der Mensch im Grunde ein eher unbeweglich Ding ist, sträubt er sich erst einmal. Veränderungen sind ihm im höchsten Maße suspekt. Es könnte ja schiefgehen. Zwar ist bereits alles zerbrochen. Aber den Scherbenhaufen kennt man zumindest.

Das ist der Grund, warum viele Menschen Angst haben zur Kartenlegerin zu gehen, oder wenn sie hingehen, Angst haben vor dem, was sie sagt. Es könnte ja „etwas Schlechtes" sein. Es gibt nichts Schlechtes, das sie sagen könnte. Sie kann nur eine unbequeme Wahrheit aussprechen. Und sie kann den Vorschlag zur Veränderung machen. Auch wie diese Veränderung aussehen sollte, kann sie sagen. Doch wie man damit umgeht, ist eine andere Frage.

Kann der Klient das, was dort in den Bildern liegt, ansehen oder verschließt er lieber weiterhin die Augen? Kann er die Vorschläge, die seine Seele anhand der Legung macht, annehmen? Oder bleibt er lieber in der alten Spur?
Dazu sei noch einmal gesagt: Das Leben ist im Fluss. Wir können nicht irgendwo

mitten in einer Stromschnelle vor Anker gehen und glauben, dass wir dort ein ruhiges Leben führen werden. Durch die turbulenten Zeiten müssen wir geschickt und mit offenen Augen durch, damit wir die ruhigeren Zeiten danach wieder genießen können – ebenfalls mit wachen Sinnen.

Auch das ist ein universelles Gesetz: Nach jedem Tief gibt es wieder ein Hoch. Nach jedem Schleudergang folgt die angenehme Zeit auf der Leine. Sofern man sich diesem Rhythmus hingibt. Versucht man sich dagegen zu stemmen, zerrt das Wasser immer stärker an unserem Lebensschiffchen und versucht uns aus der Verankerung zu reißen. Dann müssen wir immer mehr Kraft aufbringen, um nicht irgendwann einfach fortgespült zu werden.

Ein Problem, das man ignoriert, verpufft nicht einfach. Es wird immer penetranter, zerrt immer stärker an unseren Kräften und je mehr wir versuchen, es in den „Schatten" zu schieben, desto mehr nähren wir es.

Nun habe ich das Kartenlegen als Orakelmethode genommen, um zu erklären, wie das mit dem Blick über den Kanu-Rand funktioniert. Selbstverständlich gibt es noch einde ganze Menge mehr Orakel-Instrumente, die alle gleich funktionieren. Es kommt nur auf denjenigen an, der sie deutet, da es ein sogenanntes Referenzsystem zu seinem Benutzer ist. Die Eine bevorzugt Runen – jene wunderbaren Symbole, die Odin gefunden hat, als er neun Tage am Baum hing. Die Andere liebt den Blick in die Kristallkugel oder in den Kaffeesatz. Ja, auch das sind keine Hirngespinste sondern wunderbare Orakel-Instrumente. Jeder hat so seine bestimmten Mittel, mit denen er/sie am besten arbeiten kann – und nur darauf kommt es an. Was nutzt mir das schönste Tarotkarten-Set, wenn die Bilder mich zwar hübsch anlächeln, mir aber nichts sagen. Und was nutzen mir die tollsten Runen, wenn sie „stumm" bleiben, wie ein Fisch.

Jeder, der sich mit dem Thema beschäftigt, sollte zunächst die Orakelmethode finden, die ihm zusagt und dann die Instrumente finden, mit denen er am besten arbeiten kann. Das können auch bunte Glasperlen, Wollbällchen oder selbst gestaltete Karten/Steine sein.

VII. Magie

Magie ist etwas, das die Menschheit von je her fasziniert. Weiße Magie bewirkt Gutes, während schwarze Magie uns Schaden an Leib und Leben zufügt. Nun, die Erkenntnis ist, dass es keine schwarze oder weiße Magie gibt. Magie ist neutral, wie Strom aus der Steckdose. Es bleibt uns überlassen, ob wir ein Beatmungsgerät daran anschließen oder einen elektrischen Stuhl.

Was es allerdings gibt, sind Menschen, die mit Magie arbeiten und sie missbrauchen. Die nennt man dann Schwarzmagier. Um bei dem Bild mit dem Strom zu bleiben: Die haben ihren Finger zu tief in die Dose gesteckt und sehen jetzt ganz schön verkohlt aus. Nein, im Ernst: Natürlich gibt es Leute, die andere Menschen verfluchen, ihnen die Krätze an den Hintern wünschen oder Schlimmeres. Was diese „Schwarzmagier" in der Regel nicht bedenken - vor allem wenn sie aus Wut oder Hass handeln: alles was sie aussenden, kehrt zu ihnen zurück – und das in dreifacher Dosis. Au weia, dreimal Krätze am Hintern. Nicht schön! Und da hilft auch der beste magische Schutz nix.
Oder nehmen wir mal die „Partner-Rückführung", die einige „Hexen" und „Magier" so gerne anbieten. Eine teure Angelegenheit, in mehrfacher Hinsicht! Zum einen finanziell, weil die Herrschaften sich ihre Dienste meist gut bezahlen lassen. Aber auch auf Gefühlsebene. Denn die Partner-Rückführung gehört zur schwarzmagischen Arbeit. Warum? Man will doch nur das Beste! Ja, für sich selbst. Denn der oder dem Ex soll etwas aufgezwungen werden, was sie/er nicht will.

Wenn eine Liebe erloschen, eine Partnerschaft zerbrochen ist, dann hat das seinen Grund und den gilt es herauszufinden. Zum nächsten Scharlatan zu rennen, der den begehrten Partner zurückbringt, ist eindeutig der falsche Weg. Und er bringt auch nicht das ersehnte Glück. Im Gegenteil! Vielleicht kommt der Partner tatsächlich wieder, aber dann kann man damit rechnen, dass das Zusammensein noch sehr viel unangenehmer wird, als vorher. Denn nicht derjenige, der das Rückführungsritual durchgeführt hat, bekommt die Quittung für diese schwarzmagische Arbeit, sondern der Auftraggeber.

Also Finger weg von Partnerrückführungen mit Hilfe der Magie.

Wenn wir unseren Partner zurück haben wollen, dann betrachten wir den Grund für das Zerwürfnis, arbeiten an uns und bleiben ansonsten gelassen. Leicht gesagt, schwer durchgeführt, weiß ich. Aber nur indem man an sich selbst arbeitet, kommt der Erfolg - übrigens nicht nur in der Liebe.

Soviel zu weißer und schwarzer Magie. Können denn nur Hexen, Magier oder sonstige Initiierte mit Magie arbeiten? Großes Nein. Im Prinzip arbeitet jeder Mensch mit Magie. Denn die Magie ist nichts anderes als Energie und Energie ist überall um uns herum. Der einzige Unterschied: Hexen und andere Spirituelle arbeiten bewusst damit (die Betonung liegt auf bewusst). Sie wissen, wie sie Energien lenken können, um ihre Ziele zu erreichen. Das Gros der Menschheit hantiert hingegen unbewusst und somit unkontrolliert mit der Magie herum und bekommt deshalb meist nicht das, was sie sich erhofft hat. Was heißt das?

Seit einigen Jahren gibt es die meines Erachtens wunderbaren „Wünschen"-Bücher (siehe auch Infos). Hierin sind klare Anleitungen zum magischen Arbeiten für Jedermann beschrieben. Nämlich, wie ein Wunsch formuliert sein muss, damit er im Universum bearbeitet werden kann. Es geht darum einen Gedanken (Energie) zu einem Gefühl werden zu lassen (hochgradige Energie) und diese Energieform ins Universum zu schicken. Da die Götter auf Ausgewogenheit achten und die Energieform des Wunsches noch nicht existiert, gleichen sie dieses Defizit aus, indem die gewünschte Energieform sich realisiert.

Beispiel: Ich wünsche mir ein Haus und male mir aus, wie es aussieht, wie groß es ist, in welcher Umgebung es steht etc. Dann fühle ich mich hinein. Wie ist es dort zu wohnen, dort zu arbeiten, zu kochen, zu feiern, zu schlafen? Mein Wunsch nach diesem Haus wird immer stärker und die Energie, die dabei frei wird, zieht dieses

Haus (ebenfalls Energie) in mein Leben. Das ist magisches Arbeiten.
Leider arbeiten die meisten Menschen kontraproduktiv mit der Magie. Das funktioniert so: Herr Z. wünscht sich ein Haus und stellt sich vor, wie es ist, dort zu leben. Er fühlt die Behaglichkeit, die Harmonie, sieht die Einrichtung, die ihm gefällt, seine Familie und sich selbst beim Feiern oder vor dem Kamin – und weiß, dass er kein Geld hat, für ein solches schönes Haus. Peng! Das war's. Die Magie verliert sofort ihre Kraft. Sobald sich ein negatives Gefühl in den Wunsch mischt, verpufft die Energie.

Das passiert übrigens nicht nur „Normal-Wünschern" sondern auch Hexen. So haben beispielsweise die meisten Hexen, die ich kenne, ein Geld-Problem. Aus gutem Grund: Die innere Einstellung, dass materieller Wohlstand nicht zu einer Hexe passt, führt sofort jegliche magische Arbeit in dieser Richtung ad absurdum. Und die allgemeine Vorstellung, dass Geld etwas Anrüchiges ist, etwas, das die Spiritualität behindert, blockiert das Gefühl, das bei der magischen Arbeit unabdingbar ist. Zwar haben auch Gedanken eine starke Energie und diese Gedanken können den Wohlstand genauso in unser Leben ziehen. Doch die Gefühls-Energien sind noch um ein Vielfaches stärker. Und wenn das Gefühl sagt, dass frau doch lieber eine arme Hexe sein sollte, um nicht dem schnöden Mammon zu verfallen, dann siegt der Bauch. Solche Glaubenssätze können leider nicht von jetzt auf gleich verändert werden.

Wir müssen uns also immer vor Augen halten: Unsere innere Einstellung verhilft unserer magischen Arbeit zu Erfolg oder Misserfolg. Habe ich das unerschütterliche Gefühl, dass ich das Traumhaus verdient habe und sende meinen Wunsch in einer magischen Arbeit ab, werde ich schon bald einziehen. Das geht gar nicht anders. Und es funktioniert mit dem neuen Job genauso, wie mit einem neuen Lebenspartner, etc. – egal, wie alt man ist.
Während der magischen Arbeit liegt mein Fokus nur auf dem Ziel, das ich erreichen will. Meine Energie fließt während des Rituals, das ich darum baue, ganz auf meinem Wunsch und wird anschließend in irgendeiner Form dem Universum überge-

ben. Egal, ob ich meinen Wunsch auf einen Zettel schreibe, ihn verbrenne und damit der Luft übergebe, oder ob ich den Zettel vergrabe und damit der Erde übergebe. Wichtig ist, dass ich viel positive Energie während des Rituals in den Wunsch gelegt und ihn anschließend an die „Bearbeitungs-Zentrale" geschickt habe.

Allerdings nutzen Hexen die Magie nicht nur, um zu materiellem Wohlstand, einem neuen Haus oder dem passenden Lebenspartner zu kommen. Oft führen sie Rituale zum Segen ihrer Kräuter und Öle oder zum Dank an die Götter und Geistwesen durch. Oder zu Erkenntniszwecken. Denn auch wer auf dem Alten Weg unterwegs ist, kann sich spirituell im Gebüsch verheddern oder über Steine stolpern. Dann sind kleine Rituale ganz hilfreich, in denen man die Götter um Erkenntnis bittet. Dabei handelt es sich keineswegs um einen einseitigen Monolog, denn Antwort gibt es auch. Entweder durch die Orakelinstrumente (Karten, Runen etc.). Oder durch Andersweltreisen. Diese Reisen eignen sich zudem, um sein Krafttier zu besuchen, oder seinen spirituellen Lehrer, um nur noch zwei Möglichkeiten zu nennen. Hier bekommt der Ratsuchende die passende Antwort entweder in direkter oder in verschlüsselter Form.

Einer solchen Andersweltreise, oder schamanischen Reise, stehen manche Menschen zunächst skeptisch gegenüber. Sie wissen nicht, was sie von den Bildern und Botschaften halten sollen. Ist das nicht alles Einbildung? Ist es nicht das, was ich sehen will? Vor allem die „Denker" haben anfänglich Probleme, sich auf eine solche Reise zu begeben. Ein sehr gutes unterstützendes Mittel ist daher die Trommel, auf deren Klängen der Reisende leichter in die Anderswelt gelangen kann. Was er dort sieht, ist real. Es ist real in der anderen Welt, in der er sich befindet. Während der Reise besteht weiterhin die Verbindung zum Körper. Anfänglich sollte man allerdings mit jemandem reisen, der sich mit schamanischen Reisen auskennt, damit man nicht Gefahr läuft, sich in der anderen Welt zu verlieren. Dazu mehr im Kapitel Heilung.

Übrigens: Was ist eigentlich ein Ritual? Als Ritual bezeichnen wir einen Vorgang, der sich wiederholt, dabei immer mehr oder weniger gleich abläuft und einem bestimmten Zweck dient. Jeden Morgen den Wecker gegen die Wand werfen und danach die Decke über den Kopf ziehen, bis Kater Hugo kommt und mir in den Zeh beißt, könnte solch ein Ritual sein.

Schauen wir uns einmal ein Ritual an, wie es Hexen feiern könnten. „Könnten" deshalb, weil die Feiern je nach Gruppen individuell gestaltet werden. Der Ablauf sollte nicht „in Stein gemeißelt sein", sondern so, dass es allen Spaß macht.

Aufbau eines Rituals:
Der Ablauf, den ich hier beschreibe, hat sich in unserer kleinen Gruppe freifliegender Hexen eingebürgert. Die Leitung des Rituals übernimmt eine Priesterin oder ein Priester. Die Feier sollte bevorzugt im Freien stattfinden.

Zu Beginn holen wir uns von den Wesen des Ortes das Einverständnis, hier feiern zu dürfen. Immerhin brechen wir in einen fremden Lebensraum ein, ob wir ihn sehen oder nicht. Wie frage ich nun und wie erhalte ich Antwort von Wesen, die ich nicht sehen und mit meinen Ohren hören kann? Das ist bestimmt eine hoch magische Angelegenheit, oder? Nein, ist es nicht. Es ist eine intuitive Angelegenheit. Man wird ruhig, formuliert die Frage und konzentriert sich auf das Gefühl, das anschließend entsteht. Dazu sollte man sich getrost etwas Zeit lassen. Fühlt es sich gut an, ist es in Ordnung. Spürt man eher ein Unbehagen, sollte man einen anderen Platz wählen.

Für die Wesen des Ortes, das Kleine Volk, haben wir natürlich Geschenke dabei, die wir an einer schönen Stelle ablegen, z. B. Früchte, Nüsse, Tabak, Wein, etc. Wenn wir schon die Erlaubnis haben, in ihrem Lebensraum zu feiern, sollen sie auch dazu gehören und nicht wie Zaungäste mit „großen Augen" zusehen müssen. Außerdem sind die „Kleinen" ganz schön vorwitzig. Kann gut sein, dass am Ende des Rituals plötzlich ein Schlüssel fehlt, eine Uhr oder etwas ähnliches, wenn sie nicht mit gebührendem Respekt behandelt werden.

Anschließend wird der Platz gereinigt und gesegnet. Egal ob in der freien Natur oder in einer Turnhalle, ein Ritualplatz sollte ein heiliger Raum sein. Dieser entsteht, in dem er durch Wasser und Salz geweiht wird. Dabei geht die Hexe im Kreis um den Platz, versprengt das Wasser und sagt dabei, dass sie diesen Platz nun von allen negativen Energien befreit und für das Ritual weiht. Dasselbe wiederholt sie mit dem Salz. Der Kreis steht für das Vollkommene, ohne Anfang und Ende.
In diesen nun heiligen Raum treten die übrigen Hexen und Gäste, allerdings nicht, bevor sie ebenfalls gereinigt und gesegnet sind. Dazu nutzt die Hexe eine Räucherung und ein magisches Öl.

Wenn alle im Kreis stehen, wird zunächst das Kleine Volk eingeladen, also die Wesen, die an der Stelle leben, die gerade von den Hexen für das Ritual auserkoren wurde. Da Hexen mit der Natur leben, vertreiben sie die Wesen, die an solchen Plätzen wohnen nicht einfach, sondern laden sie zum Mitfeiern ein.

Nun kann der Kreis energetisch geschlossen werden. Dazu nimmt eine Hexe ihren Dolch oder ihr Schwert, geht im Uhrzeigersinn (Deosil) um alle Anwesenden herum und visualisiert dabei den Schutzkreis. So entsteht ein Raum außerhalb des Weltlichen. Innerhalb dieses Kreises sind die Hexen vor äußeren Einflüssen und negativen Energien geschützt. Hier können sie nun ihre magischen Arbeiten verrichten. So können sie, um die Kraft zu verstärken, zunächst Energien aus der Erde, aus der Luft, aus dem Universum ziehen. Es sind genügend Energien vorhanden, so dass niemandem etwas abgezogen wird.

Die vier Himmelsrichtungen mit den dazu gehörenden Elementen werden angerufen, beginnend mit dem Osten.

Dem Osten ist die Luft zugeordnet. Sie steht für die Leichtigkeit, das Intellektuelle, die Inspiration. Hier leben die Feen und die Sylphen. Ihre Farben sind Weiß und Gelb. Ihr Symbol ist die Athame (Dolch, der nur für magische Zwecke benutzt wird).

Dem Süden ist das Feuer zugeordnet. Das Feuer steht für Leidenschaft, Temperament, Kraft, Hitze. Hier leben die Drachen und Salamander. Die Feuerfarbe ist Rot. Sein Symbol ist der Zauberstab (oder Stab).

Dem Westen ist das Wasser zugeordnet. Wasser steht für den Fluss des Lebens, für Kreativität und Emotion. Hier leben die Nixen, die Wassergeister und Poseidon. Die Farbe des Wassers ist Blau, sein Symbol ist der Kelch.

Dem Norden ist die Erde zugeordnet. Sie steht für die Mutter Erde, für die Bodenständigkeit, den Besitz, das Materielle. Hier leben die Zwerge und das Kleine Volk. Ihre Farben sind Schwarz, Braun und Grün. Ihr Symbol ist das Pentakel (Pentagramm im Kreis).

Dies ist nur ein kleiner Abriss der einzelnen Elemente. Dazu gibt es ganze Bücher, die dem geneigten Leser zur weiteren Erkenntnis verhelfen mögen (siehe Infos in Kapitel XI).
Nach den Elementen ruft die Priesterin Göttin und Gott in die Mitte, ehrt sie und lädt sie ein, ihre Energien in das Ritual einfließen zu lassen.
Wir handhaben es in unseren Ritualen manchmal so, dass jeder Teilnehmer zusätzlich die Göttin und den Gott in den Kreis ruft, mit der/dem er sich besonders verbunden fühlt. Die Götter sollten allerdings nie aus „Jux" gerufen werden, sondern tatsächlich um sie zu ehren oder um ihren energetischen Aspekt zu nutzen. Denn sich einen Scherz zu erlauben, kann unangenehme Folgen haben. Beispielsweise: Unwohlsein noch lange nach dem Ritual, Albträume oder gar Besessenheit.

Während des Rituals reichen wir Hexen uns oft untereinander Brot und Wein, als Symbol für die Gemeinschaft und der gegenseitigen Achtung. Auf dem Altar, der in der Mitte aufgebaut ist, liegen Utensilien, die den Zweck des Rituals symbolisieren. Aber auch Gegenstände, die den Hexen wichtig sind und die sie während eines Rituals vielleicht weihen oder energetisch aufladen wollen.

Danach kommen Aktionen, die entweder dem Jahreskreis entsprechen, wie beispielsweise Blumen in kleine Töpfe pflanzen oder die Ahnen besonders ehren, etc. Oder es gibt Handlungen, die zu einem bestimmten Zweck durchgeführt werden, wie den scheidenden planetarischen Jahresregenten verabschieden und den kommenden begrüßen. Oder einen Wunschzopf herstellen, oder eine neue Liebe anziehen etc. Diese Aktionen sind immer beliebig lang oder kurz und individuell gestaltet. In unserem Kreis gleicht kein Ritual dem anderen.

Nachdem das Ritual beendet ist, erden sich die Hexen, indem sie die überschüssige Energie in die Erde schleudern. Anschließend wird der Kreis geöffnet. Die Hexe mit dem Dolch oder Schwert geht entgegen dem Uhrzeigersinn (Widdershin) um die Anwesenden und visualisiert dabei, wie sich das energetische Band auflöst. Ein schönes Lied, das dabei gerne gesungen wird, hat folgenden Text:

May the circle be open, but unbroken;
May the peace of the Goddess be ever in your heart;
Merry meet and merry part and merry meet again.

Die Energien werden nun beginnend mit dem Westen zurückgeschickt, ebenso Göttin und Gott und das Kleine Volk. Es kann vorkommen, dass jemand während des Rituals den Kreis verlassen muss. Dann visualisiert die Hexe mit dem Dolch oder Schwert eine Tür, durch die derjenige den Kreis verlassen kann, ohne dass der Schutz aufgehoben ist. Denn – ich will es noch einmal betonen – der Schutzkreis ist wichtig, um unerwünschte Energien draußen zu halten. Sobald der Teilnehmer zurück ist, schließt sie die Tür energetisch wieder. Sollten Kinder in den Kreis platzen oder die Katze hereinspazieren, ist das kein Problem. Kinder als auch Tiere haben ihre eigene Magie und beschädigen den Kreis nicht.

Nach dem Ritual ist es Usus, nicht gleich auseinander zu rennen, sondern gemeinsam zu essen, zu trinken (braucht kein Alkohol zu sein), zu reden, zu lachen und noch eine schöne Zeit miteinander zu haben. Wir sind soziale Wesen und brauchen die Gemeinschaft. Diese gilt es zu hegen und zu pflegen.

Hier noch mal der Ritual-Ablauf in Kurzform:

1. Die Wesen des Platzes um Erlaubnis für das Ritual/Fest bitten und Geschenke darbieten
2. Ritualplatz mit Salz und Wasser reinigen und segnen
3. Abräuchern und Segnen der Teilnehmer
4. Das Kleine Volk einladen
5. Den Kreis schließen
6. Die Elemente rufen – im Uhrzeigersinn
7. Göttin und Gott einladen
8. Brot und Wein segnen und teilen
9. Lieder, Tänze, Gedichte, die Aspekte der Jahreszeit sowie alles, was wir für das Ritual vorgesehen haben
10. Dank und Abschied - Göttin und Gott
11. Verabschieden der Elemente gegen den Uhrzeigersinn
12. Öffnen des Kreises
13. Dank an das Kleine Volk
14. Essen, trinken, fröhlich feiern.

Welche Rituale gibt es?
Neben den bereits erwähnten Ritualen für Liebe, Job, Geld etc. führen Hexen auch Rituale zur Segnung von Kräutern durch, oder zum Weihen von Ritualgegenständen, oder einfach als Dank an Mutter Erde und die Götter. Natürlich sind auch die Jahreskreisfeste oder Übergangsfeste mit Ritualen verbunden (siehe IX. Feste und Feiern). Ein Ritual kann auch für jemanden durchgeführt werden, der nicht anwesend ist. Beispielsweise für einen Kranken. Dazu sollte die leitende Hexe aber die ausdrückliche Genehmigung desjenigen einholen, für den sie das Ritual durchgeführt.

Noch ein, zwei Sätze zum Liebeszauber: Wenn wir Hexen einen Liebeszauber durchführen, dann ist er in jedem Fall allgemein gehalten und nie direkt auf eine bestimmte Person konzentriert – nur damit kein falscher Eindruck entsteht. Zum einen, weil wir nicht in das Leben eines anderen Menschen eingreifen wollen/dürfen, zum anderen, weil der Schuss böse nach hinten losgehen kann. Also kein: „Ich will, dass der Franz-Peter mir auf der Stelle verfällt"! (Denn wer will schon einen völlig liebestrunkenen Franz-Peter an seinem Rockzipfel hängen haben, der sich bei genauerem Hinsehen nicht als Prinz sondern als Frosch entpuppt.) Sondern beispielsweise ein: „Ich ziehe den Partner an, der zu mir passt und der mich so liebt, wie ich bin." Nun kann entweder Franz-Peter kommen, oder der nette Typ aus der U-Bahn kriegt endlich seine Chance.

Der heilige Hain:
Unsere germanischen/keltischen Vorfahren hatten ihre besonderen Plätze, an denen sie ihre Rituale durchgeführt und gefeiert haben. Sie nannten diese Orte, die meist im Wald gelegen waren „Heiliger Hain". Diese Plätze hatten von sich aus bereits einen besonderen Zauber und eine starke Kraft, weshalb sie heute noch als Kraftplätze ausfindig gemacht werden können. Je öfter dort gefeiert wurde, desto stärker wurde dieses Energiefeld. Christen kennen das aus ihren Kirchen. Wenn sie in eine alte Kirche gehen, kommt gleich ein ganz besonderes Gefühl der Andacht und der Ruhe. So verhielt es sich und verhält es sich noch heute mit den Heiligen

Hainen. Die Energien sind spürbar und sie erleichtern den Zugang zum Spirituellen, zur Freude und zu einem Verbundenheitsgefühl mit der Erde, den Wesen um uns herum und den Menschen. Auf vielen solcher alten Kraftplätze wurden Kirchen gebaut.

VIII. Utensilien

So wie Schamanen ihre besonderen Utensilien beim Ausüben ihrer heilenden und magischen Arbeiten gebrauchen, so haben auch Hexen ihr Handwerkszeug. Und das ist im Idealfall selbst gemacht. Denn die Werkzeuge als solche haben erst einmal überhaupt keine Wirkung. Der Zauberstab von Harry Potter schleudert vielleicht Blitze, dem Zauberstab einer Hexe allerdings kann man noch nicht einmal ein Fünkchen entlocken, es sei denn es ist ein Feuerzeug in die Spitze eingebaut. Was der Stab allerdings bestens kann, ist die Hexenenergie zu bündeln. Und je mehr eigene Energie die Hexe bereits bei der Herstellung in den Stab hineingegeben hat, desto besser wirkt er.

Was braucht man für Gerätschaften? Fangen wir mal bei dem Teil an, das schon jedes Kind ganz klar einer Hexe zuordnen würde:

1. Der Besen
Nun nehmen moderne Hexen den Besen nicht als Flugzeug (dafür gibt's den Staubsauger - nee, Spaß beiseite), sondern um negative Dinge aus ihrem Leben hinaus und positive Dinge in ihr Leben hinein zu kehren. Zu Samhain ist das Besen-Zeremoniell in unserer Gemeinschaft fester Bestandteil. Alles, was wir nicht in das neue Jahr mitschleppen wollen, kehren wir symbolhaft aus unserem magischen Kreis hinaus. Dabei umrunden wir den Altar und sagen laut, was wir gerade wegkehren. Die anderen rufen zur Bestätigung „So sei es". Im Gegensatz dazu kehren wir alles zum Altar hin, was wir im neuen Jahr in unserem Leben willkommen hei-

ßen: Gesundheit, Freunde, Liebe, eine gute Arbeit... und so weiter und so fort. Das macht allen viel Spaß und hat eine unglaubliche Kraft.

Wer unangenehmen Besuch hatte, kann die damit verbundenen negativen Energien anschließend aus dem Haus kehren und mit einem Sprung über den Besen lassen wir Altes hinter uns, damit Platz ist für Neues.

Unser Besen besteht aus Zweigen der Birke, dem Göttinnen-Baum. Die binden wir um einen möglichst selbst gefundenen Stock aus dem Wald, der nicht unbedingt kerzengerade sein muss. Dieser Stab/Ast braucht nicht zwingend von einer Birke gefallen sein, sollte aber möglichst von einem anderen magischen Baum stammen. Die neun magischen Hölzer sind: Apfel, Birke, Buche, Eibe, Eiche, Erle, Esche, Holunder und Tanne.

Für Dinge, die wir aus der Natur nehmen, gilt: Zum einen können noch kleine Bewohner darin existieren, also den Stock besser eine Weile draußen lassen, bis sich alle Lebewesen zurückziehen konnten. Zum anderen den Dank nicht vergessen. Immerhin hat uns der Baum etwas von sich geschenkt. Es versteht sich von selbst, dass wir uns das nicht gewaltsam irgendwo abreißen oder absägen.

Beim Binden des Besens können wir dem guten Stück mit eigenen Worten mitteilen, wofür es in Zukunft gebraucht wird. Eine kleine Meditation ist ebenso nützlich wie die anschließende Weihe über Rauch mit einer selbst hergestellten Räuchermischung. Wer den Besen nicht selbst herstellen kann, greift auf einen normalen Haushaltsbesen zurück oder besorgt sich einen vom Besenmacher auf dem nächsten Mittelaltermarkt oder im Freilichtmuseum. Wichtig ist vor allem die Symbolkraft des Besens.

2. Der Dolch und die Athame

Bei diesem Utensil wird zwischen zwei Varianten unterschieden: Den Dolch, der einseitig geschliffen ist und einen hellen Griff besitzt, verwenden wir für grobstoffliche Arbeiten, zum Beispiel das Ernten von Kräutern, Schnitzen von Runen und Stäben, das Einritzen von Symbolen auf Kerzen etc. Die Athame, also der zweischneidige Dolch mit dem dunklen Griff hingegen dient nur den magischen Arbeiten, wie dem Schließen eines Kreises beim Ritual. Daher kann die Athame auch vollkommen aus Holz bestehen und die Klinge braucht nicht unbedingt scharf zu sein. Die Athame ist ein Werkzeug der Kraft, der Stärke, des Mutes und des scharfen Verstandes. Daher wird sie dem Element Luft zugeordnet. Denn die Luft steht unter anderem für den Verstand und die Kommunikation. Worte sind kraftvoller als das Schwert – und verletzender. Daran erinnert uns die Athame.

Vor dem Ritual teilt die Athame den Raum in das „Draußen" und den geschützten inneren Kreis. Derjenige, der mit der Athame den Kreis zieht schafft damit eine energetische Barriere gegen unerwünschte feinstoffliche Besucher.

Auf dem Altar liegt die Athame im Osten, der Himmelsrichtung, der das Element Luft zugeordnet ist.
Wer die Möglichkeit hat, sollte sich seinen Dolch und/oder seine Athame selbst schmieden oder schnitzen. Der eigenen Energie wegen. Es schadet aber auch nicht, wenn man diese Gegenstände kauft. Es gibt wunderschöne Teile auf Mittelaltermärkten oder im Handel. Geweiht wir die Athame im Rauch einer guten Räucherung.

3. Das Gewand
Kleider machen Leute. Gewänder machen Hexen. Wer magisch arbeitet, hat normalerweise ein spezielles Ritualgewand. Denn wir wissen von anderen Gelegenheiten, dass jedes Gewand ein dazu passendes Gefühl auslöst. Bei Kindern ist das an Fastnacht sehr deutlich zu sehen. Auch in unsrem Alltag gibt es einen Unterschied, ob wir in Jeans und T-Shirt auftreten oder im Anzug/Kostüm.
Ein Gewand versetzt uns in eine besondere Stimmung. Bei magischen Arbeiten und Ritualen ist dies besonders nützlich, denn sie bekommen eine andere Qualität, als

wenn wir sie in Alltagsklamotten durchführen. Auch die Teilnehmer eines Rituals sehen uns im Gewand anders, als wenn wir eine Zeremonie in besagten Jeans durchführen würden.

Ein Ritualgewand sollte möglichst selbst geschneidert sein. Denn dabei fließt bereits die eigene Energie in den Stoff und je öfter man das Gewand trägt, desto mehr lädt es sich mit Energie auf, die von Mal zu Mal spürbarer wird. Anfangs ist es vielleicht nur ein Kleidungsstück, das man anlegt. Später wird es zu einem wichtigen, unterstützenden Utensil.

4. Der Hexenkessel

Im Kessel der Unterwelt-Göttin Hel (Holle) werden die Seelen gereinigt und anschließend in ein neues Leben entlassen. Er symbolisiert den göttlichen Schoß und steht für Transformation, für Tod und Wiedergeburt. An Samhain kann er mit Wasser gefüllt für die Zukunftsschau verwendet werden. Gegenstände, die wir während eines Rituals verbrennen wollen, geben wir in den Kessel. Beispielsweise ein Blatt Papier, auf dem ein Wunsch geschrieben steht, den wir ins Universum schicken wollen. Er dient auch als Räuchergefäß, wobei sich bei den meisten Zeremonien eine kleinere Schale zum Räuchern besser eignet.

Natürlich können wir den Kessel auch in der Hexenküche verwenden, zum Brauen von Tränken (Tee oder Suppe) oder zum Wärmen von Met. Daher sollte der Kessel aus einem Material bestehen, dass Feuer und Wasser gleichermaßen aushält und keine Giftstoffe abgibt. Geeignet sind Gusseisen oder Stahl.

5. Der Kelch

Der Kelch ist ein Symbol für das Weibliche und somit dem Element Wasser zugeordnet. Er wird vor allem verwendet, wenn es um Mondrituale geht, in denen die Göttin geehrt wird. Er kreist oft im Ritual, gefüllt mit Wein, um die Verbindung untereinander zu stärken. Auf dem Altar steht er in Richtung Westen, der Himmelsrichtung des Elementes Wasser.

Auch hier gilt wieder: Ein selbst getöpferter und mit eigenen Händen verzierter Kelch wirkt natürlich am intensivsten. Wer keine Möglichkeit zum Töpfern hat, kann auch einen Kelch aus Metall nehmen oder ein schönes Glas. Seine Bestimmung und die fortgesetzte Anwendung bauen nach und nach immer mehr Energie darin auf. Selbstverständlich kann er ebenso geweiht werden, wie der Besen, wobei man zur Weihe am besten Wasser nimmt.

6. Das Pentakel

Ein Pentagramm im Kreis bezeichnet man als Pentakel. Es ist dem Element Erde zugeordnet und symbolisiert zum einen den Menschen in seinem Erdenleben (die fünf Elemente Feuer, Wasser, Luft, Erde und Äther „gefangen" in der Materie), zum anderen die Beständigkeit und die Verwurzelung. Das Pentakel liegt in Richtung Norden, die dem Element Erde zugeordnet ist. Es kann aus geflochtenen Zweigen bestehen, getöpfert oder vielleicht in Stein geritzt sein. Am besten verwendet die Hexe auch hier ein Material, das zur Erde passt. Zur Weihe des Pentakels nimmt sie Salz.

Pentakel

7. Der Stab

Wie schon oben beschrieben, dient der Stab dem Bündeln der Energie. Er ist eine Verlängerung des magischen Armes. Hat man einen Wunsch, den man nun zu den Göttern senden will, dann unterstützt man das „Absenden" am besten durch den Zauberstab.

Beim Stab gilt, wie beim Besen, am besten selbst herstellen. Wollen wir einen Ast dafür schneiden, bitten wir den Baum oder Strauch vorher darum und bringen ein Geschenk mit. Das kann zum Beispiel ein kleiner Edelstein sein. Traditionell verwenden wir für den Zauberstab einen Ast des Haselstrauches. Es können aber auch andere Holzarten genommen werden, je nachdem, was der Besitzer mit dem Zauberstab so alles vorhat.

Beim Bearbeiten des Stabes geben wir bereits unsere eigene Energie in das Holz. Wenn wir dem Stab durch eine kleine Meditation seine zukünftige Bestimmung als magischen Gegenstand vermitteln, umso besser. Die Länge des Stabes sollte die Länge des Unterarmes nicht überschreiten. Wer möchte, kann ihn an beiden Enden mit einem männlichen und einem weiblichen Bergkristall bestücken, mit Runen verzieren, bemalen oder was auch immer. Nur sollten wir darauf achten, dass er noch für magische Zwecke einsetzbar ist und nicht zum reinen Altar-Accessoire wird.

Der Stab ist ein Symbol des Elementes Feuer und liegt auf dem Altar deshalb im Süden. Er steht für Energie, Vitalität und Stärke. Eine Seite des Zauberstabes nimmt die Energie seines Besitzers auf, leitet sie durch den Stab hindurch, wobei sie durch die Energie des Holzes verstärkt wird und gibt sie an der anderen Seite verstärkt ab. Bleiben wir beim Beispiel unseres Wunsches, so kann man verstehen, wie kraftvoll dieser ins Universum geschleudert wird. Wir können aber auch die Energie auf einen Gegenstand richten, ein Amulett vielleicht, das „aufgeladen" werden soll.

8. Die Trommel

Die Trommel ist das älteste Musikinstrument, das die Menschheit kennt und sie übt heute noch eine große Faszination aus. Sie erinnert an den Herzschlag, das erste, das ein Baby im Mutterleib hört und der es beruhigt wenn es auf der Welt ist. Mit der Trommel reist der Schamane in die Anderswelt. Hexen auch. Denn sie bewirkt durch eine bestimmte Anzahl von Schlägen pro Minute, dass der Reisende den so genannten Alpha-Zustand erreicht, der mit dem kurz vor dem Einschlafen vergleichbar ist. In diesem Zustand kann er das ständig plappernde Gehirn ausschalten. Was bleibt, ist der Geist, oder der Ätherkörper, mit dem der Schamane bewusst in andere energetische Ebenen reisen kann. Entweder in die obere, die mittlere oder die untere Welt. Dabei ist er hellwach, nimmt Verbindung mit geistigen Führern, Krafttieren, Lehrern auf und bekommt Antworten auf seine Fragen.

Auch Nicht-Schamanen erleben beim Trommeln die besondere Magie von Klang und Rhythmus. Wer schon einmal Trommel-Sessions mitgemacht hat, weiß wovon ich spreche. Als Zuhörer ist man plötzlich wie entrückt und fühlt sich, als ob man in einer anderen Welt weilt. Dazu aber mehr im Kapitel „Schamanismus".

Die Trommel ist nicht nur Musikinstrument und Arbeitsmittel, sie hat auch ihr eigenes Wesen und besitzt eine eigene Energie. Diese Energie ist oft gewillt, dem Menschen zu dienen und ihn zu unterstützen. Manchmal allerdings auch nicht. Ich erinnere mich ganz besonders an eine Begebenheit, in der meine Rahmen-Trommel „geschmollt" und einfach keinen vernünftigen Ton von sich gegeben hat. Wohl weil ich ihr zu wenig Beachtung geschenkt hatte und sie einfach nur mal schnell benutzen wollte. Wertschätzung heißt das Zauberwort. Sie ist nicht nur Mensch und Tier gegenüber von Bedeutung, sondern auch unseren magischen Utensilien.

IX. Feste und Feiern

In europäischen Ländern haben sich im Lauf der Geschichte durch den natürlichen Zyklus acht Jahreskreisfeste entwickelt, die wir feiern. Vier davon sind Equinoxien, das heißt, sie bezeichnen den Beginn der vier Jahreszeiten: Frühjahr (21. März), Sommer (21. Juni), Herbst (23. September) und Winter (21. Dezember). Diese vier Feste sind Sonnenfeste. Dazwischen liegen die vier Mondfeste, die jeweils zu den entsprechenden Vollmonden gefeiert werden und eigentlich keine festen „Termine" haben, auch wenn sie der Einfachheit halber auf solche gelegt wurden. Die Mondfeste sind: Imbolc (2. Februar), Beltane (30. April), Lughnasad (1. August) und Samhain (31. Oktober).

Im Prinzip werden die Jahreskreisfeste von allen in Europa praktizierenden naturspirituellen Gruppen gleich gesehen und ähnlich gefeiert. Ich betrachte die Jahreskreisfeste hier aus der Hexensicht:

IX.1 Die Jahrekreisfeste

Samhain (11. Vollmond), um den 31. Oktober:
Samhain, das soviel heißt wie „Sommer-Ende", ist das höchste Fest der Hexen. Die Früchte des Feldes sind eingefahren, die Blätter fallen, die Bäume und Pflanzen „sterben", somit schließt sich der Kreislauf von Werden und Vergehen. Es ist die Zeit des Jahres, in der sich die Natur zur Ruhe begibt, um neue Kraft zu schöpfen und den ewigen Kreislauf fortzusetzen. Deshalb wird Samhain als Neujahrsfest gefeiert. Der alte Zyklus ist vorbei, der neue kann beginnen. Doch noch geht es dem dunkelsten Punkt des Jahres entgegen und so war es für die keltischen und germanischen Stämme eine gute Zeit, Innenschau zu halten. Auch wir sehen darin eine Zeit der Wende von äußerer Aktivität zur Innenschau. Was ist im vergangenen Jahr geschehen? Was haben wir erreicht? Woran müssen wir noch arbeiten? Altes, das nicht mehr passt, wird abgeschlossen. Neue Ideen- oder Projekt-Samen werden gelegt. Doch sollten sie noch ruhen, um zur rechten Zeit an die Oberfläche zu treiben, wo sie weiter gedeihen können.

Da die Natur in diesem Jahresabschnitt wie tot erscheint und Hexen sich als einen Teil der Natur erleben, ist es ganz normal, zu Samhain besonders die Toten zu ehren. In dieser speziellen Nacht ist die Welt zwischen den Lebenden und den Toten besonders durchlässig. Deshalb ist es Kult, zum Samhain-Fest auch die Ahnen einzuladen. Diese bekommen ihren besonderen Platz an der Tafel und alle Speisen und Getränke werden mit ihnen geteilt. Unsere Vorfahren empfanden es als großes Glück, einmal im Jahr mit den Geistern ihrer Toten zu feiern und damit ihrer Wurzeln im Besonderen zu gedenken. Da dem Tod noch nicht dieses Furchterregende anhaftete, wie es heute der Fall ist, war der Umgang mit den Geistern der Verstorbenen eine ganz normale Angelegenheit. Damit die Ahnen auch den richtigen Weg fanden, wurden Kerzen ins Fenster gestellt.
Nun ist es natürlich nicht so, dass an Samhain die Geister scharenweise durch die Tür spazieren oder durchs Fenster fliegen und sich zu uns setzen, als wären sie aus

Fleisch und Blut. Nein, aber wie heißt es so schön: Sie leben in uns und in unseren Herzen weiter. Und nicht nur dort. Hexen gehen davon aus, dass deren Seelen im Sommerland weiterleben und in besonders geeigneten Nächten wie an Samhain ihre Nachkommen besuchen, um ihnen Glück ins Haus zu bringen und Unheil abzuwenden.

Keltische/Germanische Feiern waren für ihre orgiastischen Züge bekannt. So auch Samhain, wobei hier vor allem die Ernährung im Vordergrund stand. Immerhin ging es nun in eine Zeit, in der man von dem leben musste, was man auf den Äckern erwirtschaftet hatte – und im Stall. Daher schlachtete man die schwächsten Tiere und gab somit den stärkeren die Chance, den Winter zu überleben. In der Samhain-Nacht tischten die Kelten und Germanen also noch einmal tüchtig auf und langten in der Gemeinschaft kräftig zu. Auch wir feiern Samhain mit großem Buffet, zu dem jeder etwas Leckeres beiträgt, mit süffigen Getränken und mit anregenden Gesprächen.

Kommen wir bei der Gelegenheit auf Halloween zu sprechen, das am 31. Oktober gefeiert wird. Es geht zurück auf diesen heidnischen Sabbat, an dem der Verstorbenen gedacht wurde. Diese Tradition hat die christliche Kultur mit „Allerheiligen" am 1. November und „Allerseelen" am 2. November annähernd übernommen. Während Allerheiligen als Gemeinschaftsfest zu Ehren aller Heiligen, Märtyrer und Gläubigen begangen wird, ehrt man an „Allerseelen" die Toten mit einem Friedhofsgang. Halloween, abgeleitet aus „All Hollow's Even" – der Abend vor Allerheiligen - wurde deshalb hauptsächlich in den katholischen Gebieten der britischen Inseln, vor allem aber in Irland, mit viel Feuer und Laternen gefeiert.

Die Kürbislaternen verwendeten irische Einwanderer in den USA ab der Mitte des 19. Jahrhunderts zum ersten Mal. Sie übertrugen damit ihre Gewohnheit, ausgehöhlte Rüben als Laterne zu benutzen, in der Neuen Welt kurzerhand auf den Kürbis. Die typische Kürbisfratze stellt Jack O'Lantern dar, der ursprünglich Jack Oldfield

hieß und laut Legende ein wahrer Tunichtgut gewesen sein soll.
Hier die (christliche) Geschichte von Jack O'Lantern:

Diesem Jack soll am Abend vor Allerheiligen der Teufel erschienen sein, um ihn mit in sein Reich zu nehmen. Doch der gewitzte Jack übertölpelte den Teufel und dieser versprach, ihn noch zehn Jahre am Leben zu lassen. Nach den zehn Jahren kam der Höllenfürst wieder, um Jack zu holen, doch wieder ließ er sich von dem listigen Schmied überrumpeln und musste versprechen, Jacks Seele für immer in Frieden zu lassen.
Als Jack nun viele Jahre später eines natürlichen Todes gestorben war, wanderte seine Seele zunächst zur Himmelspforte, wo er abgewiesen wurde. Also wanderte er zum Höllentor, wo er angesichts des „teuflischen" Versprechens, ebenfalls abgewiesen wurde. Nun war er dazu verdammt, zwischen den Welten zu wandern und weil es dort so dunkel war, bekam er ein Stück glühende Kohle mit, die er in eine ausgehöhlte Rübe legte, damit sie nicht verlösche. Damit sollte er sich auf die Suche machen, nach einer Seele die seinen Platz einnimmt.

So entstand also die Tradition, an Halloween ausgehöhlte und mit Kerzen beleuchtete Dickwurz- oder Kürbislaternen aufzustellen. Denn damit soll dem ruhelosen Jack signalisiert werden, dass hier ebenfalls eine rastlose Seele auf der Wanderschaft ist, die er gar nicht erst belästigen muss. Soweit die Sage!
Das Verkleiden an Halloween hingegen hatte einen anderen Sinn. Es diente zum Schutz vor verwirrten, umherirrenden Geistern, die ihren Rückweg nicht fanden. Mit einer möglichst gruseligen Verkleidung versuchten sich die Katholiken quasi zu tarnen oder gar die verirrten Geister selbst zu erschrecken.

Die frühen Christen zogen an Allerseelen von Haus zu Haus und erbaten so genannte „Seelenkuchen". Im Gegenzug versprachen sie dem Spender für seine Seele zu beten, auf dass diese nach seinem Tod möglichst schnell aus dem Fegefeuer erlöst wird und in den Himmel fahren kann.

Nach der Christianisierung hatte spielerische Brauchkultur in der Erwachsenenwelt, wie bei unseren Vorfahren noch üblich, nur noch einen geringen Stellenwert. Kindern hingegen gestand man dies umso mehr zu und so entwickelte sich an Halloween die Sitte, Kinder mit Süßigkeiten und Spielsachen zu beschenken. Was zunächst innerfamiliär geschah, weitete sich immer mehr auf die Umgebung aus. Und so wurde es zunehmend selbstverständlicher, Kinder, die verkleidet vor der Tür standen, mit Süßigkeiten oder Knabbereien zu beschenken.

So, genug abgeschweift, wieder zurück zum Hexenfest Samhain. An Samhain wird die Dunkle Mutter, die Alte Weise geehrt. Sie steht am Ende des Jahreszyklus, der auch das Ende des Lebens symbolisiert. Im Aspekt der Hel transformiert sie alles Alte, damit Neues geboren werden kann. Hel ist daher die Göttin, deren Aspekte am besten zu Samhain passen. Sie ist die Herrscherin des Totenreiches, in dem die Seelen landen, die nicht auf dem Schlachtfeld gestorben sind. Also alle, die durch Krankheit, Unfall, Altersschwäche etc. ihr körperliches Leben ausgehaucht haben. Aber sie ist nicht nur Totengöttin, sondern auch Gebieterin über die Anderswelt, das Reich der Schatten, die Welt der Geister und allem, was damit zu tun hat. Der Titel „Totengöttin" wird ihr nicht wirklich gerecht. Denn sie ist im Prinzip eine Wandlerin. Alle Seelen, die in ihrem Hexenkessel landen, werden (bildlich gesprochen) zwar zunächst ordentlich durchgekocht, bis alles Anhaftende beseitigt ist. Doch am Ende dieses Prozesses werden sie unbelastet in ein neues Leben entlassen.

Die Totenwelt ist ein Teil der Anderswelt und Hel kann unser Wissen über Leben und Tod erhellen. Oft wird sie als dunkel, fast skelettartig dargestellt, was sehr wahrscheinlich mit der menschlichen Angst vor dem Tod zu tun hat. Wenn man hingegen Frau Holle betrachtet, die in Grimms Märchen ihre Betten ausschüttelt, dann erkennt man den hellen Aspekt der Hel. Denn beide sind ein und dieselbe Gestalt. Hel/Holle ist in der Lage uns in die Anderswelt zu führen und uns zu zeigen, dass diese nur eine andere Seite des Lebens ist. Wer mit ihr Kontakt aufnimmt, kann zu einem natürlichen Verständnis und einem vertrauensvollen Umgang mit Sterben und Tod gelangen. Daher ist sie auch eine gute Lehrerin und Führerin.

Der Göttin Hel ist die Rune Hagalaz zugeordnet. Die Rune der Wandlung. Eine wichtige Bedeutung von Hagalaz ist die Zerstörung, damit Neues entstehen kann.

Samhain ist das Fest der Alten Weisen. Der Gott, der im übrigen Jahreszyklus in seinen verschiedenen Formen immer an der Seite der Göttin war, bereitet sich nun in der Unterwelt auf seine Wiedergeburt vor. In diese Unterwelt hat er sich nach der Herbst-Tag-und Nachtgleiche (Mabon) zurück gezogen, damit er als Licht-Gott an der Wintersonnenwende (Jul) erneut wiederkehren kann.

Bevor wir nun zum Jahreskreisfest Jul (Winter-Sonnenwende) kommen, betrachten wir uns einmal die vier Wochen davor. Sie spiegeln das gesamte vergangene Jahr und zeigen uns noch einmal, sozusagen im Schnelldurchlauf, was uns begegnet ist und eventuell noch energetisch an uns haftet. Die vierte Woche vor Jul, die meist Ende November beginnt, führt uns noch einmal vor Augen, was im vergangenen Winter geschehen ist. Nicht nur an äußeren Aktivitäten, sondern auch an innerem Fortschritt. Gibt es etwas, dass aus dieser Zeit noch zu bearbeiten ist? Vielleicht etwas, das anders angegangen oder beleuchtet werden muss? Nun ist ein guter Zeitpunkt dafür. Doch, wie bereits gesagt, im Moment kommt es auf das innere Wachstum an, nicht auf aktivistische Großeinsätze.

Die dritte Woche vor Jul ist dem zurückliegenden Frühling gewidmet. Hier gilt dasselbe, wie in der Woche zuvor. Die zweite Woche vor Jul spiegelt uns den Sommer und die Woche vor Jul den Herbst. Hier können wir noch einmal hinein spüren, wo die Knackpunkte waren.
Eine Woche vor Jul werden noch einmal alle Ereignisse des hinter uns liegenden Herbstes komprimiert gespiegelt.

Der 24. Dezember ist ein Lostag und bereitet energetisch das gesamte kommende Jahr vor. Anschließend folgen die Raunächte. Aber nun erst einmal zum nächsten Fest im Jahreskreis:

Jul (Wintersonnenwende, 21. Dezember):
An Jul folgt dem kürzesten Tag die längste Nacht des Jahres. Es ist die Nacht in der das Sonnenkind (der Eichengott) von der Großen Göttin wieder geboren wird. Der Lichtbringer in der dunkelsten Zeit des Jahres verheißt Hoffnung und Zuversicht, denn in der ruhenden Erde sammeln sich von nun an langsam wieder die Kräfte der Natur, die nur darauf warten, zur rechten Zeit in voller Schönheit hervorzubrechen.

Zum Jul-Fest schmücken wir die Wohnung mit immergrünen Pflanzen wie Stechpalme, Tannenzweigen, Mistelzweigen etc. Sie symbolisieren die Unvergänglichkeit der Natur. In der Legende heißt es, dass der Eichenkönig und der Stechpalmenkönig Brüder sind und sich die Herrschaft über das Jahr teilen.
Der Eichengott steht für das Licht und der Stechpalmenkönig für die Dunkelheit, da letzterer ab der Sommersonnenwende regiert, wenn die Tage wieder kürzer werden. Licht und Dunkel sind allerdings keine Metaphern für Gut und Böse, sondern stehen für beide Aspekte des Daseins und sind Symbol für das Gleichgewicht.

Jul feiern wir mit vielen weißen und gelben Kerzen als Zeichen für das wieder geborene Licht. Auf dem Altar herrschen die Symbole für den Gott vor. Während des Rituals kann ein Mann als Vertreter des Sonnengottes das Licht in Form einer Kerze bringen. Und keine Feier ohne Feuer: Für die Jul-Feuer besorgt man einen großen Ast aus Eiche oder Birke. An dem schwelenden Holz zündete man früher die Herdfeuer an, auch soll die Asche heilende Kräfte besitzen, weshalb man sie über die Felder streute, um diesen Fruchtbarkeit zu verleihen.
Damit uns die Baumgeister über das Jahr hindurch wohl gesonnen sind und mit ihren magischen Eigenschaften begleiten, verbrennt man im Julfeuer die neun heiligen Hölzer: Apfel, Eiche, Birke, Erle, Esche, Buche, Eibe, Holunder und Tanne. Was

die heiligen Hölzer angeht, gehen die Meinungen in verschiedenen Gebieten auseinander. Ich richte mich hier nach den heiligen Bäumen der Germanen.

Gefeiert wurde Jul von unseren Vorfahren wohl drei Tage lang. Der 24. Dezember ist ein sogenannter Lostag. Die Energien, die an diesem Tag herrschen, werden sich im gesamten kommenden Jahr deutlich bemerkbar machen. Kann ich den Tag harmonisch mit meinen Lieben genießen, wird wohl auch im kommenden Jahr Harmonie zwischen mir und den Meinen vorherrschen. Muss ich noch arbeiten, erledige anschließend die letzten Einkäufe kurz vor Toresschluss und schlafe beim Abendessen völlig erschöpft am Esstisch ein - tja. Nun heißt es nicht, dass ich ohnmächtig erleben muss, wie sich im kommenden Jahr Hektik, Unruhe und Erschöpfungszustände breitmachen. Wenn ich mir die Energien an diesem 24. Dezember bewusst mache, kann rechtzeitig gegensteuern. Wir haben unser Leben selbst in der Hand. Und gerade Hektik, Stress und ein daraus resultierendes Burn out sind normalerweise hausgemacht.

Die Rauhnächte (25. Dezember bis 5. Januar):
Am 25. Dezember beginnen die Rauhnächte. Wobei auch hier der Beginn je nach Region unterschiedlich ist. Jedenfalls sind diese nun folgenden zwölf Tage und Nächte bis zum 5. Januar die magischsten des ganzen Jahres. Der Zeitraum ergab sich rein rechnerisch durch den Unterschied zwischen dem Mond- und dem Sonnenjahr. Während das Sonnenjahr 365 Tage hat, rechneten die Germanen den Mondzyklus mit etwa 29,5 Tagen, woraus sich zum Ende des Jahres eine Differenz von elf Tagen und zwölf Nächten ergab. Dieser Zeitraum wurde dann zwischen das alte und das neue Jahr gelegt. Daher auch heute noch der Begriff „Zwischen den Jahren". Wobei hier ein Denkfehler bestehen müsste, wenn man davon ausgeht, dass Hexen das neue Jahr bereits mit Samhain feiern. Folglich müssten die Rauhnächte daran anschließend folgen.
Allerdings haben unsere Altvorderen den Jahreswechsel wohl zur Wintersonnenwende gefeiert, von daher passt es dann wieder. Im Prinzip ist es aber egal, denn

eine magische Zeit ist dann magisch, wenn die Menschen ihre Energien darauf richten. Heute haben sich die meisten Naturspirituellen dafür entschieden, die Rauhnächte in die Zeit vom 25. Dezember bis zum 5. Januar zu legen. Deshalb sei es so. Da wir in der dunklen Jahreszeit sind und die Natur ruht, ist es eine gute Zeit zur Innenschau. Zudem eignen sich diese Tage, um Haus und Hof zu reinigen und zu räuchern, ebenso die magischen Gegenstände, die man das Jahr über vielleicht etwas vernachlässigt hat. Auch die magischen Öle, Salben, Tränke für das kommende Jahr werden nun angesetzt. Alle Dinge, für die sonst keine Zeit ist, können jetzt gut erledigt werden.

Während der Rauhnächte sind die Grenzen zur Anderswelt besonders durchlässig. Und Wotan/Odin braust mit seinem Heer zur „Wilden Jagd" über den nächtlichen Himmel. Gut, wer dieser wilden Horde nicht begegnet und sie auch nicht provoziert, indem er neugierig aus dem Fenster schaut. Schon manchem sei der Kopf dabei dermaßen angeschwollen, dass er ihn nicht mehr zurückziehen konnte, berichtet die Legende.
Auch Wäsche zu waschen und draußen aufzuhängen ist keine gute Idee. Wie leicht können sich Wotans Mannen und die Seelen in seinem Gefolge darin verfangen. Zwar ist die „Wilde Jagd" den Menschen nicht feindlich gesinnt, aber dennoch ist es besser, sie ungehindert ihres Weges ziehen zu lassen. Daher rührt der Brauch, „zwischen den Jahren" nicht zu waschen, der noch heute vielerorts eingehalten wird.

Jede Rauhnacht steht für einen Tag des kommenden Jahres. Deshalb sollte man auch hier wieder sein Augenmerk ein wenig auf die Energien lenken, die an diesen Tagen herrschen. Sind die Energien am 25. Dezember beispielsweise im Fluss, harmonisch und friedlich, wird auch der Januar davon geprägt sein. Gibt es hingegen Aggressionen und Zwistigkeiten, kann man im Januar mit einer Fortsetzung dessen rechnen. Die Träume in dieser Zeit können zudem wie Offenbarungen sein. Und natürlich sind diese Tage wieder besonders gut zu orakeln geeignet. Auch zu den

Rauhnächten gibt es spezielle Bücher, die tiefer auf die Besonderheiten eingehen. Kaum sind die Rauhnächte vorbei, können wir uns schon auf das nächste Fest im Jahreskreis freuen:

Imbolc (2. Vollmond oder 2. Februar)
Imbolc bezeichnet die Mitte des Winters. Doch obwohl der Frost am tiefsten und die Kälte am größten ist, beginnen sich bereits die ersten Keime in der Erde zu regen. Schneeglöckchen brechen durch die Schneedecke und die Zaubernuss (Hamamelis) blüht. Sie legen Zeugnis vom langsamen Erwachen der Natur ab. Nun ja, es ist erst einmal ein leises Gähnen und erstes Blinzeln. Trotzdem ist es wahrnehmbar: Bald kommt der Frühling.
Wir haben den Winter jetzt auch langsam satt und sehnen uns nach Licht, Wärme und saftigem Grün. Deshalb reinigen wir das Haus, treiben den Wintermuff zu den Fenstern hinaus und entzünden an Imbolc im ganzen Haus Kerzen. Sie symbolisieren die länger werdenden Tage, das endlich wiederkehrende Licht nach den langen dunklen Winterwochen.
Imbolc ist das Fest der irisch-keltischen Lichtgöttin Brigid, der Göttin des Frühlings. Sie ist die Hüterin des Feuers und bewacht in dieser Nacht, das heilige Feuer selbst, während es sonst von 19 Priesterinnen gehütet wird.
Wieso gerade von 19? Weil in 19 Jahren ein großer Mondumlauf-Zyklus abgeschlossen ist. Sonne und Mond stehen nun wieder in selber Relation zueinander. Bei unseren Ahnen war es wohl so, dass für jedes Jahr eine eigene Priesterin eingesetzt war, die das Feuer hütete. Interessanterweise haben viele Steinkreise in England und Irland genau 19 Steine.

Aus germanischer Betrachtungsweise ist es die Zeit, in der Thor mit seinem magischen Hammer die Eisriesen erschlägt und dadurch dem Licht zum Sieg verhilft.
Traditionell werden zu Imbolc die neuen Schüler in den Hexenkreis aufgenommen und es gibt Hexenweihen. Die Farben dieses Festes sind dem Licht entsprechend hauptsächlich Weiß und Gelb.

Ostara (Frühjahrs-Tag-und-Nacht-Gleiche, 21. März)
Hase und Ei sind die Symbole für Ostara, dem zweiten Fruchtbarkeits- und Frühlingsfest. Die Sonne steht nun senkrecht über dem Äquator, der Tag und die Nacht sind gleich lang, der Frühling beginnt. Was an Imbolc noch verborgen in der Erde keimte, ist an Ostara schon zu sehen. Die ersten Blumen blühen, die Blattknospen an den Bäumen beginnen sich zu entfalten und ihr frisches, helles Grün reißt die Wälder aus ihrer Tristesse. Die Vögel zwitschern und überall ist der Frühling spürbar. Es wird wärmer, heller, die Menschen freundlicher. Dies ist die Zeit des Neubeginns. Der Winter wird hinausgefegt und vieles, was nicht mehr in unser Leben passt, gleich mit. Wir richten uns auf Neues aus.
Das Fest zum Frühjahrs-Equinox ist unter anderem der germanischen Frühlingsgöttin Ostara geweiht. Der Name bedeutet Schein oder Glanz und wenn sie im Osten aus dem Meer steigt, ist sie in ein Gold schimmerndes Gewand gehüllt. Wo sie schreitet, bahnen sich kleine bald Pflänzchen ihren Weg aus der Erde. Ostara vertreibt den Winter endgültig und lässt den Frühling einziehen. Sie bringt das Licht und die Wärme zurück, das Leben beginnt wieder.

Ihr Baum ist die Birke, ihre Tiere der Hase und der Marienkäfer. Ein weiteres Symbol ist das Ei, das für die Fruchtbarkeit steht. Es wird erzählt, dass die Frühlingsgöttin von Jägern gehetzt wurde, woraufhin der oberste Gott sie in einen Hasen verwandelte. Sie sprang zum Mond hinauf und wenn die Frühlings-Tag- und Nacht-Gleiche gekommen ist, fliegt sie als Hase über das Land und hinterlässt überall Eier als Symbol für die kommende fruchtbare Zeit.
Um Ostara wechselt auch der Jahres-Regent. Das ist der Planet unseres Sonnensystems, dessen Energien seit dem letzten Frühjahr gewirkt hat. Im Jahr 2015 herrschte beispielsweise Jupiter, in 2016 Mars. Nun kann man während des Ostara-Rituals den Regenten des alten Jahres gebührend verabschieden und den neuen begrüßen. Das ist ganz individuell. Wir machen es ganz gerne, um diesen Aspekt der Natur – auch wenn er außerhalb der Erde im Weltall liegt – zu ehren.

Beltane (30. April/1. Mai)
Wenn es dunkel wird am 30. April beginnt schon wieder eine magische Zeit. Es ist Walpurgisnacht. Die Nacht, in der die Hexen sich auf ihre Besen schwingen und auf machen gen Brocken, um dort ein orgiastisches Fest zu feiern. Sie tanzen, lachen und singen im Feuerschein und vereinen sich mit dem Teufel, dem Herrscher der Hexen. So zumindest wurde es Jahrhunderte lang erzählt. Eine Sage, die nicht ohne gewisse Faszination ist. Zunächst die Faszination des wilden, ursprünglichen und sündigen. Dann die Faszination der Freiheit, die diese Frauen ausgelebt haben, was in der Vergangenheit, in der dunklen Zeit, für Frauen so gut wie unmöglich war.
In der Gegenwart nimmt das Hexenthema nicht erst seit Bibi Blocksberg und Harry Potter an Faszination wieder zu. Und frau möchte gerne wieder daran teilhaben, an diesem Gefühl, die Enge zu verlassen und die Freiheit zu genießen. Wenn es auch nur in dieser einen Nacht ist. In besagter Walpurgisnacht werden mittlerweile vieler Orten Hexenfeiern angeboten, als Event für Frauen, aber auch Männer, die sich in diese Frauendomäne wagen. Es wird nach den alten überlieferten Bildern ums Feuer getanzt, getrunken, gegessen, gesungen und gelacht. Doch diese Spaß-Events haben mit den ursprünglichen Festen der Hexen so gut wie nichts gemein.

Das ursprüngliche Fest hieß Beltane und wurde – mangels Kalender – am Vollmond im Mai gefeiert. Heute wird das Fest in vielen Kreisen der Einfachheit halber zusammen mit Walpurgis auf den 30. April gelegt. Bei den Kelten und Germanen war besagtes Beltane das letzte und größte Fruchtbarkeitsfest im Jahreskreis. In dieser Nacht wurde den Göttern in einem fröhlichen Ritual gehuldigt – mit Tanz und Gesang, Essen und Trinken, einem Sprung über das Feuer etc. Dies geschah immer in dem Bewusstsein, dass es eine spirituelle Verbindung zu dem Göttlichen in seinen vielen Aspekten gibt. Und in dem Glauben, dass diese göttlichen Aspekte den Menschen sehr ähnlich sind, ging man davon aus, dass sie mehr Freude an einem fröhlichen Fest haben, als an traurigen Zeremonien und Askese. Der wichtigste Aspekt dieses Fruchtbarkeitsfestes aber lag in der Liebe. Denn dies war die Nacht, in der dem Glauben nach die junge Göttin sich mit ihrem Gefährten vereinigte. Kein Wunder, dass dieser Aspekt vorherrschte, denn der Winter mit seinen langen kalten Tagen war nun endgültig vorbei. Der Frühling ist die Zeit, in der die Hormone von Mensch und Tier verrückt spielen. Die Natur explodiert ringsum und zeigt sich von einer Üppigkeit, die so lange vermisst wurde.

Während des Rituals wurden den Göttern auch Opfer gebracht. Allerdings darf man davon ausgehen, dass es sich hierbei nur um Opfer in Form von Blumen, Kräutern, ersten Früchten, Brot und Met gehandelt hat. Es wurde mit diesen Opfern um fruchtbaren Boden gebeten, damit unsere Vorfahren auch das kommende Jahr überleben konnten. Und es war das Jahreskreisfest, an dem Hochzeiten gefeiert wurden.

Auch viele Naturspirituelle feiern heute bevorzugt zu diesem Datum Hochzeiten. Den Schwur legen die Paare vor ihren Göttern ab. Er besiegelt die Ehe entweder für ein Jahr und einen Tag, ein Leben oder über das Leben hinaus. Der Schwur kann jedes Jahr zu Beltane erneuert werden, wenn das Paar gemeinsam dazu bereit ist. Natürlich war von je her auch die Fruchtbarkeit ein Thema. Bei unseren Ahnen war es wohl Sitte, dass die Pärchen früher oder später in den Büschen verschwanden. Doch bei allem Essen, Trinken, Tanzen, Hochzeiten, Befruchten bleibt auch heute noch die geistige Verbindung mit der Natur Mittelpunkt dieser Feier. Der spirituelle Weg unserer Vorfahren.

Beltane ist eine besondere Nacht. Wir ehren Göttin und Gott und tun uns selbst Gutes, damit wir in der Lage sind, Gutes für Mensch und Natur weiter zu geben. Göttin und Gott gehören für uns zusammen, wie Yin und Yang in der chinesischen Tradition. Es gibt kein Leben, wenn eines von beiden fehlt. Und zum Gott sei gesagt: Cernunnos, der Waldgott, den wir an Beltane besonders ehren, wird als Hirsch oder als gehörnter Gott dargestellt. Geflügelte Phantasien haben aus einem solchen gehörnten Gott (Pan ist auch einer, oder Baphomet) später den Teufel kreiert. Einen Teufel wie in der christlichen Lehre gibt es allerdings auf dem Alten Weg nicht.

Litha (Sommersonnenwende, 21. Juni)
Am längsten Tag des Jahres feiern wir Litha, die Mitte des Sommers und die damit verbundene Sonnenwende. Es ist das erste Erntefest. Ab heute werden die Tage wieder kürzer. Wir gehen erneut in die dunkle Jahreszeit. Doch noch ist davon nichts zu spüren. Die Natur bereitet gerade erst ihren Tisch, auf den Bäumen und den Feldern wächst und gedeiht es. Heilkräuter stehen in voller Blüte. Dementsprechend schöpfen wir auch aus dem Vollen und feiern ausgelassen mit Tänzen und Gesang. Und vor allem mit Feuer.

Bräuche und Rituale um und mit dem Rad stehen im Mittelpunkt des Litha-Festes. Im Feuerrad wird der Sonne als Lebensspender gehuldigt.
In vielen Regionen hat sich noch der Brauch erhalten, Feuerräder aus Stroh von den Bergen in die Täler zu rollen. Der Sonnengott ist auf dem Höhepunkt seiner Kraft, die von nun an langsam schwinden wird. Ab jetzt überträgt er diese Kraft mehr und mehr der Erde, weshalb die heißesten Tage des Jahres noch bevorstehen. Im Juli und August gibt er noch einmal alles und schickt seine geballte Power auf den Erdboden. Die Erdmutter nährt mit dieser Wärme die Frucht, die sie im Leib trägt, also die kommende Ernte, die auf den Feldern bereits heranreift.

Beim Litha-Fest nehmen wir an der Fruchtbarkeit und Lebenskraft der Natur teil. Auch ist es erneut ein guter Zeitpunkt, alles loszuwerden, was uns bedrückt. Negative Energien können durch den Sprung über das reinigende Feuer neutralisiert werden. Wer nicht springen will, kann das Problem aufgeschrieben und der Zettel im Mittsommerfeuer verbrennen.

An Litha sammeln wir magische Kräuter und binden daraus einen Strauß. Der Strauß sollte 3, 5, 7, 9 oder 13 Kräuter und/oder Blumen enthalten. Wenn man noch nicht so erfahren im Umgang mit Kräutern/Blumen ist, kann man die Bedeutung und Wirkweisen in entsprechenden Büchern nachlesen (siehe Anhang). Der Lithastrauß bekommt seinen Platz über der Wohnungstür und soll dafür sorgen, dass all die guten Dinge, die von den magischen Kräutern ausgehen, im kommenden Jahr in unser Leben fließen.

Ein Kraut möchte ich hier besonders erwähnen. Das Johanniskraut, das Hexenkraut schlechthin. Es wird um die Sommersonnenwende in der Mittagszeit gepflückt. Dann enthält es seine volle Wirkkraft. Die Blüten können in Öl (z. B. Olivenöl) in ein transparentes Glas eingelegt werden. Das Ganze lässt man sechs Wochen an einem besonders sonnigen Ort im Freien stehen. Anschließend siebt man die Blüten ab und übergibt sie wieder der Erde. Das Öl sollte in einen dunklen Glas- oder Tonbehälter umgefüllt und an einem möglichst dunklen Ort aufbewahrt werden, damit es seine Kraft bis zum nächsten Sommer behält. Es riecht nicht sonderlich gut, das muss ich zugeben. Meine Erfahrung damit ist allerdings, dass es durch Auftragen auf die Haut Schmerzen bei Verbrennungen oder kleinere offene Wunden lindert und den Heilungsprozess beschleunigt.

Beim Sammeln von Kräutern sei gesagt: Bitte nur das nehmen, was man wirklich braucht und nicht zu gierig sein. Und anschließend den Dank nicht vergessen, für das was man aus der Natur genommen hat.

Lughnasad / Lammas (Schnitterfest, 1. August)
Das Schnitterfest ist das zweite Erntefest. Die Natur präsentiert sich uns jetzt in ihrer ganzen Fülle. Doch nun heißt es, den Zeitpunkt nicht verpassen und das zu ernten, was gesät wurde. Das duldet keinen Aufschub, weshalb die Bauern in dieser Zeit am meisten zu tun haben – oft bis tief in die Nacht hinein. Getreide wird geschnitten, pralle Früchte, die in der Wärme des Sommers gut gedeihen konnten, werden gepflückt, Gemüse und Kräuter geerntet. All das muss gleich verarbeitet oder so eingelagert werden, dass es über den Winter haltbar ist. So war es schon bei unseren Vorfahren.
Heute gehen wir in den Supermarkt und wählen aus einem breiten Sortiment das aus, was uns gefällt. Wir brauchen zu keiner Zeit darüber nachdenken, was wir im

nächsten Winter essen wollen. Unser Gabentisch ist dank weltweiter Agrarwirtschaft und Importen aus aller Herren Länder immer reich gedeckt. Früchte, Gemüse, Kräuter und Getreide kommen im Winter eben aus Übersee. Und wenn wir die Nahrungsmittel kaufen, sehen sie immer noch aus, wie frisch geerntet. Trügerisch, denn aufgrund der langen Transportzeiten und Lagerverhältnisse haben sich fast alle Vitamine und Nährstoffe verabschiedet, bis die Lebensmittel auf unserem Teller landen. Was wir haben, sind schön anzusehende, meist immer noch wohlschmeckende aber inhaltlich weitgehend leere Knabbereien. Von Lebensmitteln kann man kaum noch sprechen. Aus diesem Grund zeigt sich in unserer modernen Welt das Phänomen des Verhungerns trotz der Fülle. Aber ich bin schon wieder abgeschweift. Kommen wir zurück zu Lughnasad, dem Schnitterfest.

Angesichts der Fülle und des reich gedeckten natürlichen Gabentischs feiern wir ein Dankesfest. Der Dank geht an Mutter Erde dafür, dass sie uns nährt und an den Gott - in diesem Falle Lugh - dafür, dass er die wärmende Energie geschickt hat, damit alles wachsen und gedeihen konnte. Unsere Vorfahren baten gleichzeitig darum, dass die Ernten, die ja noch nicht abgeschlossen waren, vor Blitz und Unwettern verschont blieben, damit nicht zu guter Letzt noch die „Ernte verhagelt" wurde. Es wäre einer Katastrophe gleich gekommen, hätte einen vom Hunger geprägten Winter bedeutet und schlimmstenfalls den Tod.

Im übertragenden Sinne kann man zu Lughnasad überprüfen, welche unserer Samen bisher aufgegangen sind. Welche Projekte haben Früchte getragen? Wo sind gute Vorsätze oder Absichten verwirklicht worden? Was können wir nun ernten und was wird bald reif? Die Früchte unserer Arbeit heißt es nun gebührend zu feiern und sich bewusst daran zu erfreuen. Und das, was noch zu ernten ist, heißt es nicht aus den Augen zu verlieren. Denn diese Jahreszeit hat die Qualität des sofortigen Handelns. Während zu den übrigen Jahreskreisfesten Eigenschaften wie Innenschau, Säen, Geduld, Lebensfreude genießen oder Loslassen im Vordergrund stehen, ist im August das sofortige Handeln gefragt. Nichts sollte auf die lange Bank geschoben werden, damit nicht doch noch ein überraschender „Sommersturm die Ernte vernichtet".

Lughnasad ist gleichzeitig ein Fest der Transformation. Das, was die Erde an Nahrung hervorgebracht hat, wird ihr genommen, damit wir weiterleben können. Es wird Platz gemacht, damit im nächsten Jahr wieder Neues entstehen kann. Einen kleinen Teil des Korns behält der Bauer, damit er im nächsten Jahr von neuem säen und ernten kann. So will es der Kreislauf. Gedanken an Tod und Wiedergeburt gehören von daher zu diesem Mondfest dazu. Dabei können wir im übertragenden Sinn auch überlegen, was wir mit unseren Ernten anfangen wollen. Haben wir uns selbst genährt? Gleichzeitig können wir uns der Fülle bewusstwerden, die wir erleben.

An Lughnasad binden wir den „Kornkönig", also eine aus Korn gebundene Puppe, die diese Transformation symbolisiert. Auf den Altar kommt alles, was mit der Fülle zu tun hat: Früchte, Gemüse, Brot, Blumen, Getreide-Sträuße etc.

Mabon (Herbst-Tag-und-Nacht-Gleiche, 21./23. Sept.)
An Mabon, dem Herbst-Equinox, sind Tag und Nacht wieder gleich lang. Von nun an geht es deutlich sichtbar in die dunkle Jahreszeit. Die letzte Ernte ist eingefahren, die meisten Früchte und Gemüse sind eingelagert. Noch einmal deckt die Natur den Gabentisch mit Beeren, Pilzen, Weintrauben und Nüssen, bevor sie sich zur Ruhe begibt. Es ist Zeit der Erde zu danken, für das Füllhorn, das sie wieder einmal über uns ergossen hat. Kein Wunder also, dass das Füllhorn auch Sinnbild von Mabon, dem dritten Erntedankfest ist.

Ebenso wie an Lughnasad beschäftigen wir uns mit den Gedanken an Tod und Wiedergeburt. Was uns zu dieser Jahreszeit umso leichter fällt, da der Wandel auch äußerlich gut sichtbar wird. Die Blätter der Bäume färben sich bunt, als wollten sie uns noch ein letztes Mal an ihrer vollen Schönheit teilhaben lassen, bevor sie abfallen und ihre Äste kahl zurücklassen. Laut Mythologie zieht der Sonnengott Lugh nun in die Unterwelt und die Göttin herrscht bis Jul alleine. Sinnhaft zieht sich nach einer sehr geschäftigen und bewegten Sommerzeit jetzt die männlich-aktive Kraft zurück, um zu transformieren, während das Weiblich-Passive die Führung übernimmt – zumindest bis Jul. Deshalb verbrennen wir an Mabon unseren „Kornkönig" und danken ihm dabei für die Fülle, die er uns beschert hat.

Die Herbstzeit ist eine gute Zeit, um Bilanz zu ziehen. Was von dem, das wir gesät haben, ist gereift und aufgegangen. Welche Ernten konnten wir einfahren. Was sollte noch erledigt werden, damit wir bis Ende des Jahres alles Wichtige geschafft haben? Immerhin gehen wir jetzt in den Endspurt. Der Herbst ist aber auch eine gute Zeit, Ideen für die nächsten Projekte zu sammeln. Nur sollte man diese jetzt noch nicht in Angriff nehmen. Dafür kommt eine bessere Zeitqualität. Jetzt ist es wichtig, ruhiger zu werden, Körper und Geist der Natur anzupassen. Ballast abwerfen und Innenschau halten, sind die Qualitäten zu Mabon. Was ist wichtig und sollte noch getan werden? Was ist unwichtig und wird von unserem Aktionsplan gestrichen?

Wann das Herbst-Equinox genau gefeiert wird, daran scheiden sich die Geister. Manche feiern am 21., andere am 23. September, wieder andere richten sich nach dem Mond in diesem Monat. Hierzu kann ich nur sagen: Jeder sollte es zu dem Zeitpunkt feiern, wenn es sich für ihn richtig anfühlt. Dann stimmen auch die Energien und darauf kommt es an.

Ein Tür-Kranz, den wir aus Efeuranken, Eicheln und getrockneten Früchten, vor allem Äpfeln basteln, wird im Rauch des Ritual-Feuers geweiht und gesegnet. Er ist ein Symbol für Schutz und Glück. Riesige Erntekronen aus Getreideähren, die man vieler Orten, vor allem auf Erntedankmärkten oder auf Bauernhöfen findet, zeugen noch heute von den naturverbundenen Gedanken, die es seit je her gibt. Oder die Weinfeste. Auch wenn viele dieser Bräuche mittlerweile weitgehend sinnentleert sind, weil viele Menschen die ursprünglichen Beweggründe nicht mehr nachvollziehen können. Denn, wie bereits erwähnt, heute gibt es ja Supermärkte, die sich aus dem Füllhorn der ganzen Welt bedienen.

An Mabon ist es also Zeit, Unnötiges loszulassen. Denn in der kommenden Winterzeit sollte man so wenig unnützes Zeug mit sich herumschleppen, wie möglich. Schauen wir wieder zurück zu unseren Vorfahren, so macht das Sinn. Je mehr sie besaßen, desto größer der Aufwand alles mitzuschleppen oder instand zu halten. Es verbrauchte nur unnötige Energie. Ebenso war das Herbstfest das Fest, die Gefangenen frei zu lassen. Man brauchte keine zusätzlichen Esser. Auf der anderen Seite erhoffte man sich durch diese Geste auch Wohlwollen auf der Gegenseite, damit gefangene Familienangehörige ebenfalls frei gelassen werden und noch vor dem Winter wieder zurückkehren dürfen.
Im übertragenden Sinne sollte man sich nun die Frage stellen: Was sind meine „Gefangenen", also Ängste, Sorgen oder bestimmte Verhaltensweisen, die ich gehen lassen möchte, damit sie mir nicht weiter Energie rauben? Vielleicht sind es Dinge, die wir uns selbst immer wieder vorwerfen. Oder Streitereien mit Freunden und Verwandten. Oder eine Schuld, die noch nicht beglichen wurde und uns belastet. Nun ist es Zeit, diese Dinge anzugehen, sich selbst zu verzeihen, Streit beizulegen und die Schuld zu begleichen. In der Herbstzeit wird die Gerechtigkeit ganz großgeschrieben. Das heißt auch, gerecht mit sich und anderen umzugehen. Somit kann Ausgleich entstehen.

Ausgleichen ist die Qualität von Mabon und nicht umsonst regiert nun das Sternzeichen Waage, das für Gleichgewicht steht. Weiter kann durch diese Handlungen Heilung entstehen. Auch das ist ein Aspekt dieser Jahreszeit. Wunden, innere wie äußere, haben nun, da Körper und Geist langsam zur Ruhe kommen (sollten), Zeit zu heilen.
Und dann schließt sicht der Kreis wieder, indem wir am 31. Oktober/1. November Samhain, das Neujahrsfest feiern.

IX.2 Mondfeste

Außer dem Jahreskreis gibt es noch so einiges mehr zu feiern. Die Vollmonde zum Beispiel. Der Mond ist ja nach wie vor ein geheimnisvolles Gestirn. Und das, obwohl die großen Nationen unserer Erde bereits ihr Fähnchen auf seiner steinigen Oberfläche hinterlassen haben, als wollten sie schon mal ihr Territorium auf dem Erd-Trabanten abstecken. Wissenschaftlich ist der Mond mittlerweile weitestgehend analysiert. Doch sein Einfluss auf die Erde und auf uns Menschen ist noch immer ein Mysterium.

Dass die Gezeiten, also Ebbe und Flut mit dem Mond zusammenhängen, ist hinreichend bekannt. Auch aus dem Tierreich sind sehr klare Koppelungen biologischer Rhythmen an den Mondlauf bewiesen. Warum sollten wir Menschen also eine Ausnahme bilden? Zumal wir ebenfalls überwiegend aus Wasser bestehen. Es ist deshalb nicht utopisch zu sagen, dass der Mond auch beim menschlichen Organismus seine energetischen Finger im Spiel hat. Blutzuckerspiegel oder Hormonkonzentration wären da als Beispiele zu nennen.

Laut den Erkenntnissen der Physik besteht außerdem alle Materie aus Schwingungen und Schwingung = Energie. Dementsprechend kann der Mensch als energetisches Wesen bezeichnet werden. Wenn der Mensch aber aus Energie besteht, ist es nicht verwunderlich, dass er mit der Energie des Universums zu jeder Zeit in Kontakt steht, obwohl er sich dessen meist nicht bewusst ist.

Kommen wir aber zurück zum Mond: 12-13 Vollmonde gibt es jedes Jahr und jeder hat seine eigene Wirkkraft, die bereits aus den Namen ersichtlich wird.

1. Januar = Schneemond/Hartung/Hartmond
2. Februar = Taumond /Hornung
3. März = Lenzmond /Lenzing
4. April = Ostaramond
5. Mai = Wonnemond

6. Juni = Brachmond/Brachat
7. Juli = Heumond/Heuert
8. August = Erntemond/Ernting
9. September = Herbstmond/Scheidung
10. Oktober = Weinmond/Gilbhardt
11. November = Windmond/Neblung
12. Dezember = Julmond

Ein 13. Vollmond taucht jedes Jahr in einem anderen Monat auf.

Während eines Vollmondfestes, das nachts gefeiert wird, huldigen wir der Großen Göttin, die sich in dieser Nacht symbolisch in ihrer vollen Pracht am Himmel zeigt. Wir ehren sie in Gedichten, Gesängen und Tänzen und einfach indem wir feiern. Naturspirituelle Feste sind normalerweise eine sehr fröhliche und humorvolle Angelegenheit. Das heißt nicht, dass wir die Ernsthaftigkeit hinter unserem Tun ins Lächerliche ziehen oder unsere Handlungen als weniger heilig ansehen. Aber wir sehen uns als Kinder einer heiteren und wohl gesonnenen Götterschar, die kein Interesse daran hat, uns abzustrafen, wenn wir fröhlich sind. Außerdem setzt Freude sehr viel mehr positive Energie frei als Enge, Befangenheit oder gar Angst.

Auch hier, wie bei allen anderen Ritualen gibt es keine „Vorschriften" wie man es richtig macht. Es kommt auf das gute Gefühl bei allen Teilnehmern an und darauf, was man als Gemeinschaft in dieser Nacht erleben möchte. Dass ein Vollmondritual (ebenso wie alle anderen) am besten „open Air" durchgeführt wird, versteht sich von selbst. Aber auch hier gilt: Es gibt keine Vorschriften. Wenn man ein tolles Dachstudio bewohnt, durch dessen Großflächenfenster der Mond direktemang in die gute Stube scheint – warum nicht? Wie der Mond auf uns wirkt und welche Rituale in den verschiedenen Mondphasen sinnvoll sind, ist im Kapitel IV.4 beschrieben.

IX.3 Übergangsrituale

a) Geburt

Ein neuer Erdenbürger ist angekommen. Das ist doch ein wundervoller Anlass, ein Fest zu feiern. Heißen wir ihn willkommen, am besten mit einem Ritual, das ihm ebenso guttut, wie den Eltern. Ein solches Ritual ist eine ganz individuelle Angelegenheit. Es kann im kleinen Kreis gefeiert werden, oder aber mit allen Verwandten und Freunden, die das Elternpaar dabeihaben möchte. Es kann von den Eltern durchgeführt werden, oder von einem Priester, ganz nach belieben. Die Aufnahme des Kleinen in die Gemeinschaft ist nicht weniger wirkungsvoll, wenn die Eltern die Zeremonie durchführen. Allerdings sind die Eltern oft froh, wenn ein Priester die Leitung übernimmt, da sie selbst aus ersichtlichem Grund recht aufgeregt sind. Ein Priester kann die Anspannungen lockern, die Energien in die richtige Richtung fließen lassen und die rituellen Teile an den richtigen Stellen verbinden.

Im Mittelpunkt steht natürlich der Nachwuchs und die Zeremonie findet am besten an einem magischen Platz statt, beispielsweise an einer Quelle oder unter einem alten Baum. Hier wird der neue Erdenbewohner gesegnet. Das Ritual kann auch verschiedene Symboliken enthalten, wie einen kleinen Getreide-Kreis, der immerwährend Nahrung und Wohlstand für das Menschlein versinnbildlicht. Oder mit einem Salz-Kreis, der für Weisheit, Reinheit im Herzen und Abwehr von Schaden im Leben steht. Die Paten/Eltern können das Baby mit dem reinen Quell-Wasser betupfen und dabei die Götter um Heil für Körper, Geist und Seele bitten. Die Großeltern können stellvertretend für die Ahnen ihren Segen aussprechen. Mutter und Vater können während des Rituals dem Kleinen seinen Namen geben oder ihm seinen Geheimnamen, den nur sie selbst kennen, ins Öhrchen flüstern und so weiter und so fort.

Es gibt – wie gesagt – so viele Möglichkeiten, dieses Ritual zu feiern, wie es Eltern gibt. Wichtig ist, dass es von Herzen kommt und dass es eine fröhliche Feier ist, bei der das Baby und überhaupt die Kinder im Vordergrund stehen. Dabei sollte gegessen, getrunken, gelacht und gesungen werden. Was würde besser zeigen, dass die neue Seele in der Gemeinschaft der Erdenbürger aufgenommen ist?

b) Vom Kind zum Erwachsenen
Übergangsrituale ins Erwachsenenleben kannte man bis vor einigen Jahren nur noch in „primitiven" Kulturen. In der „zivilisierten" Welt empfand man diese Rituale zum Teil als grausam oder bestenfalls „unmöglich", weil man den Sinn nicht verstand. Mittlerweile gibt es viele, vor allem naturreligiöse Gruppen, die solche Initiationen mit Jugendlichen durchführen.

Klar ist doch, dass Jungs und Mädels in der Pubertät sich weder als „Fisch noch Fleisch" fühlen, wie der Volksmund so schön sagt. Also weder Kind noch Erwachsener sondern so ein ominöses „Ding" zwischen drin. Ständig auf Krawall aus, vor allem mit den Eltern, meistens mies gelaunt, immer gegen alles und für das, was die Erwachsenen nicht wollen, etc. Wer Kinder hat, weiß wovon ich spreche. Gut, wenn sich Eltern dann noch an die eigene wohl schwierigste Zeit im Leben erinnern können.

Was passiert da? Der Körper stellt sich um auf „Erwachsensein", während die innere Entwicklung Achterbahn fährt (wie innen so außen!). Der Pubertierende kommt mit sich und der Welt nicht zurecht, weil niemand so recht weiß, wie man mit ihm umgehen soll. Er selbst natürlich am allerwenigsten. Das Erwachsenwerden ist demnach ein Prozess, durch das der Jugendliche sich alleine mühsam voran kämpft, ohne dass er dabei echte Hilfe erfährt. Äußerlich ist er irgendwann als „Erwachsener" anerkannt. Vielleicht dann, wenn er den Führerschein macht oder eine Ausbildung beginnt. Aber es bleibt eine Entwicklung, ohne sichtbaren und vor allem ohne emotional fühlbaren Abschluss. Aus diesem Grund bleiben viele Menschen in der ewigen Schleife des Erwachsenwerdens hängen und führen sich auch im reifen Alter noch auf, als wären sie gerade 16. Hier passt das Thema „Jugendwahn" sehr gut dazu.

Also zurück zur Initiation: Übergangsrituale sind Brücken von einer Welt in die nächste. In diesem Falle also von der Kinderwelt in die der Erwachsenen. Viele Jugendliche spüren, dass eine solche Brücke notwendig ist und führen die Rituale (ohne zu wissen, um was es im tieferen Sinn geht) als gefährliche Mutproben durch, wie U-Bahn-Surfen, Diebstähle, Komasaufen etc. Besser ist es, wenn die Initiation von kompetenten Personen begleitet wird. Wie funktioniert das?

Bei manchen archaischen Stämmen ist es so, dass das Kind, wenn es soweit ist, hinaus in die Wildnis geschickt wird, nur mit einem Speer bewaffnet, um ein Raubtier zu erlegen. In unseren Breitengraden werden die jungen Leute, ab etwa 16 Jahre, ebenfalls in die Wildnis geschickt, um dort drei Tage allein mit sich zu verbringen. Ohne Essen, nur mit Wasser und dem Notwendigsten ausgestattet. Nur mit sich allein, ohne Ablenkung durch iPod, Spielekonsole oder Internet erfährt der Jugendliche Vieles, was ihm sonst verschlossen bleibt. Zum Beispiel über sich selbst. Oder über das Leben mit der Natur.

Das Initiationsritual hilft dabei, sich und seinen künftigen Platz in der Gemeinschaft zu finden, um anschließend in die Erwachsenenwelt auf gleicher Augenhöhe aufgenommen zu werden. Dazu ist es wichtig, dass der junge Mann oder die junge Frau nach den drei Tagen von Eltern, Angehörigen und dem Leiter des Rituals als Erwachsener unter Erwachsenen willkommen geheißen wird.
Solche Übergangsrituale sind noch viel zu selten. Gäbe es mehr davon, wäre so manche gefährliche Mutprobe völlig überflüssig.

c) Eheleite oder Handfasting
Auch die Kelten und Germanen hatten bereits ein Ritual, mit dem sie Männer und Frauen zu Paaren verbunden haben. Dieses Ritual wird heute noch von vielen Naturspirituellen gewünscht und von einem Druiden/Priester durchgeführt. Es geht dabei um eine Zeremonie, in der das Paar die Verbundenheit, die es fühlt, vor sich selbst und vor seinen Mitmenschen offen bekennt. Ein schönes Gefühl, verbunden

mit einem schönen Fest. Die Eheleite/das Handfasting ist ein verbindendes und verbindliches Ritual und hat nichts mit Show zu tun.

Allerdings kann der Schwur, den sich die Eheleute geben, jedes Jahr an Beltane erneuert werden – oder auch nicht. Das heißt, die Verbindung kann ohne Komplikationen und ohne Ressentiments wieder gelöst werden, indem sie einfach nicht mehr erneuert wird. Das Paar kann sich allerdings auch entschließen, sich für das ganze Leben zu binden, dann wäre ein Auflösungsritual nötig, um das Gelöbnis wieder zu kappen. Und dann gibt es noch die Möglichkeit sich für alle Zeiten zu binden. Davon würde ich persönlich abraten, denn wer weiß, was sich unsere Seele für das nächste Leben vorgenommen hat und ob unser jetziger Partner noch in dieses Konzept passt oder dann eher zum Hemmschuh wird. Und dann wissen wir noch nicht einmal, warum das so ist. Wir erinnern uns, dass Zeit nur eine Illusion ist und wir viele Gestalten und Welten durchwandern. Mit wem wir das tun, sollten wir erst dann entscheiden, wenn wir unser menschliches Kleid, sprich diesen Körper, abgelegt haben. Denn dann haben wir wieder den Überblick.

d) Übergang ins Alter

Bei diesem Übergang (auch als Midlife-Crises bekannt) werden die Menschen, ähnlich wie in der Pubertät, ebenfalls einfach alleine gelassen. Dabei ist es so wichtig, den Abschnitt der Mutter/des Vaters, in dem aktiv aufgebaut, genährt und versorgt wurde, in dem man sich auf allen möglichen Lebensebenen behaupten und beweisen musste, adäquat abzuschließen. Nur so kann das letzte Drittel des irdischen Lebens bewusst erlebt und gelebt werden, ohne ständig das Gefühl zu haben, etwas verpasst zu haben oder noch erledigen zu müssen. Die Mutproben, die von den Menschen in dieser Phase absolviert werden sind Alkohol, Arbeitssucht, sexuelle Abenteuer mit wesentlich jüngeren Partnern oder betont jugendliches Auftreten. Es ist der Versuch, das Älterwerden so lange wir möglich vor sich her zu schieben oder schlechtestenfalls ganz zu ignorieren. Wobei Ignorieren nicht bedeutet, das Alter als Zahl zu sehen und sich dennoch jung und wohl in seiner Haut zu fühlen. Mit Ignorieren ist hier gemeint: Alles zu tun, um dem äußerlichen Alterungsprozess entgegen zu wirken und immer noch so lange wie möglich im aktiven Tagesgeschäft mitzumischen. Klar können wir mit Mitte/Ende 50 nicht einfach unseren guten Job hinwerfen und einen auf „im Lichte wandelnder Eremit" machen. Aber es ist nun Zeit, kürzer zu treten, seine Lebensweisheit an Jüngere weiterzugeben und sich verstärkt mit der Spiritualität zu befassen. Denn bei aller Ignoranz bleibt die Tatsache, dass wir jeden Tag dem Tod einen Schritt näherkommen. Und was ist dann? Wenn der Sensenmann kommt und uns holen will, sagen wir dann: „Moment mal, ich muss gerade noch die Monatsabrechnung fertig machen". Na ja, probieren könnte man es mal, aber ob's funktioniert?

Das ist ja auch nicht Sinn des Lebens. Das Leben ist in verschiedene Abschnitte untergliedert, wie wir gesehen haben: Aufbauen, Bewahren, Weitergeben und Abschied. Im Alter ist die Zeit des Weitergebens und ganz am Ende der des Abschieds aus dieser grobstofflichen Materie.

Über allem steht aber die eigene Weiterentwicklung. Wer als aktiver Mensch zu wenig Zeit hatte, sich mit der Sinn-Suche auseinander zu setzen, sollte die Chance im Alter nutzen. Mit der erworbenen Lebensweisheit und Weitsicht ist Vieles leicht zu durchschauen. Wer schon sein ganzes Leben in irgendeiner Form spirituell auf dem Weg war, hat es nun umso leichter. Aber auch er kann sich nicht auf den bisher erworbenen „Lorbeeren" ausruhen, sondern sein Wissen vertiefen und vor allem seine Spiritualität aktiv weiterleben.

Ein geeigneter Zeitpunkt für Frauen, dieses Übergangsritual zu feiern wäre, wenn die Monatsblutung aufgehört hat. Aber auch hier ist wieder die eigene Intuition gefragt. Innerlich bereit zu sein, ist immer der erste Schritt bei allem, was wir tun. Kommen wir zum letzten Übergangsritual in dieser Inkarnation:

e) Vom Diesseits ins Jenseits

In unserer Kultur herrscht schon unglaublich lange eine fast panische Angst vor dem Tod. Die rührt vor allem wohl daher, dass keiner wirklich weiß, was dann kommt und wie es einem ergeht. Landen wir in einer grausamen Hölle? Kommt jemand, der uns richtet, der seine lange Liste ausrollt und uns alles vorhält, was wir in unserem Leben falsch gemacht haben? Oder gibt es gar überhaupt nichts mehr danach? Verpuffen wir einfach im Nirgendwo und das war's? Da wir Menschen Energien sind, kann letzteres schon mal nicht geschehen. Denn keine Energie löst sich einfach irgendwo auf.

Nun bleibt aber die Frage nach dem: Was kommt dann? Naturreligiöse Menschen haben es im Prinzip sehr viel einfacher als Menschen vieler anderer Religionsformen. Wir sehen den Rhythmus der Natur und übernehmen ihn für unser Leben, denn wir sind natürliche Wesen. Folglich wird auch für uns nach dem Vergehen ein neues Erwachen kommen. Und wie viele Pflanzen, die sich im Winter aus dem Grobstofflichen zurückziehen, hoffen wir, dass wir ebenfalls bei den ersten Sonnenstrahlen im Frühjahr wieder neu geboren werden – bildlich gesprochen. Und dann größer und schöner werden, als im Jahr davor, - ebenfalls bildlich gesprochen - weil unser Geist gelernt hat und fortgeschritten ist.
Es gibt also keinen Grund, Angst vor dem Tod zu haben. Er ist ein Übergang von diesem Leben in ein anderes, wie eine Tür, durch die wir treten, um durch eine andere zurück zu kommen.
Angst sollten wir nur davor haben, dass wir in diesem Leben nicht gelebt haben. Denn unser Geist und die Seele wären sehr traurig, wenn wir das Geschenk nicht ausgepackt und genutzt hätten. Diese Angst darf uns allerdings nicht blockieren, sondern soll uns auffordern noch heute mit dem Leben zu beginnen. Egal, ob wir 33, 63 oder 93 sind.
Für die Beerdigung des Körpers bieten sich mittlerweile die vielen Naturfriedhöfe an. Hier wird die Urne, aus einem natürlichen Material an der Wurzel eines Baumes beigesetzt. Ein schönes, friedliches Bild, finde ich.

X. Das alte Wissen kehrt zurück

Im Prinzip war das Wissen unserer Vorfahren nie verschwunden. Er war unterdrückt, er war fast vergessen, aber es war immer da. Und mittlerweile gibt es mehr und mehr naturspirituelle Menschen, die den Zugang dazu wiedergefunden haben.

Vor allem in Krisenzeiten suchen Menschen immer sehr stark nach dem dahinterliegenden Sinn. Kein Wunder also, dass die Kirchen vor allem während der Weltkriege voll waren. Gerade diejenigen, die am wenigsten für die grauenvollen Auseinandersetzungen konnten, waren ja meist am schlimmsten betroffen. Und warum? Das war die Frage, die sich die Männer und Frauen stellten, die einfach mit ausgebombt oder sonst wie geschädigt wurden. Wer konnte darauf eine Antwort geben? Und vor allem: Wann würde der Wahnsinn ein Ende haben? Und noch viel wichtiger: Wann wird es endlich Frieden für Alle geben?

Ganz klar, dass diese Fragen von den weltlichen Herrschern nicht befriedigend beantwortet werden konnten. Die waren viel zu sehr damit beschäftigt, alles zu zerstören, um ihre Macht zu erhalten und zu erweitern.
Also mussten die Antworten woanders zu finden sein. Die Kirchen waren ein Strohhalm, an den sich die Verzweifelten klammern konnten, auch wenn es hier keine Antworten gab, sondern nur noch mehr Rätsel. Aber wenigstens gab die Glaubens-Gemeinschaft Halt. Dieser wiederum basierte auf den gewachsenen Religions-Strukturen und in Zeiten, in denen alles im Chaos versinkt, sehnt man sich ganz besonders nach solchen festen Strukturen. Innerhalb dieses festen Glaubensgerüstes wähnt man sich sicher. Alles was außerhalb dieser Mauern liegt hingegen macht Angst. Ein solch festes, Halt gebendes Korsett konnten die kirchlichen Würdenträger in Form ihrer Rituale und Gebote schon immer geben.
Seitdem es gerade in Europa keine Kriege mehr gibt, die Leib und Leben bedrohen (außer den Finanzkriege – aber die stehen auf einem anderen Blatt), beklagen die Kirchen zunehmend mehr Austritte. Aber warum? Die Gemeinschaft ist immer noch

vorhanden. Die großen Konfessionen haben sich mittlerweile sehr weit geöffnet, sind toleranter geworden. Was also könnte der Grund sein?

Sicher hat jeder seinen eigenen Grund zum Austritt. Manchmal geht es auch ganz einfach nur darum, die Kirchensteuer zu sparen. Bei mir (ich gehörte der evangelischen Kirche an und bin dann zum katholischen Glauben konvertiert) kamen verschiedene Gründe zusammen.

Da war zum einen, das Gefühl vom „Good will" einer hohen Macht abhängig zu sein. Hinzu kam, dass ich mit diesem Wesen keinen Kontakt aufnehmen konnte. Es war doch immer ein sehr einseitiger Monolog, den ich da führte, ohne zu wissen, ob das, was ich mitgeteilt habe, auch angekommen ist.
Ausgehend von der Vermutung, dass Gott alles auf Erden lenkt, habe ich mir immer wieder die Frage gestellt, warum er so viel Leid und Ungerechtigkeiten zulässt. Es gibt Erklärungsansätze der Kirchen, aber ich fand sie unzureichend.
Und dann kam noch die Position der Frau in der Katholischen Kirche hinzu. Als ich darüber nachdachte, wurde ich wütend.

So gab es noch einiges mehr, das mich dazu veranlasste, meine Suche fortzuführen. Und es hat sich gelohnt, denn das Finden des naturspirituellen Weges kam für mich einer Befreiung gleich. Hier bin ich eine mündige Gläubige, die nicht mit Gesetzen, Regeln und Vorschriften in bestimmte Richtungen gegängelt wird. Hier bekomme ich vor allem tatsächlich Antworten und ich erfahre die Hintergründe zu allem, was mir geschieht oder auch nicht geschieht. So gelingt es mir persönlich, weitere Irrwege zu vermeiden. Meistens, nicht immer.
Zusätzlich bekomme ich wertvolle Tipps, wie ich Umstände verbessern, meiner Familie und Freunden helfen oder selbst aus Krisen gestärkt herauskommen kann. Hier bin ich nicht dem guten Willen eines höheren Wesens ausgeliefert, sondern nehme mein Leben selbst in die Hand. Auch das ist natürlich eine Herausforderung, denn ich bin eben nicht nur ein Lichtwesen. Allerdings kenne ich meine Schatten

mittlerweile ganz gut und kann mit ihnen arbeiten (meine Familie, Freunde und Kollegen übrigens auch).

"Tu was Du willst und schade niemandem" heißt die Regel des naturspirituellen alten Weges. Das bedeutet: Freue dich deines Lebens, denn dafür hast du es bekommen. Entwickle dich weiter, so friedlich und harmonisch es geht, und denke bei jedem Schritt und jedem Wort daran, niemand anderem zu schaden. Es gibt ganz sicher niemanden auf der Erde, der das tatsächlich geschafft hat. Was diese Regel aber sagen will: Sei achtsam mit dir und mit deiner Umwelt. Und wenn du denkst, dass es deinem Nachbarn schadet, wenn du Reißnägel auf seinen Parkplatz legst, dann lass es sein. Wenn du befürchtest, dass es der Natur nicht förderlich ist, wenn du deinen Plastikmüll im Wald entsorgst, lass es sein. Wenn du das Gefühl hast, dass Dein Kind in einer bestimmten Situation Trost braucht statt Schelte, nimm es in den Arm. Mach das am besten auch öfter mal mit deinem eigenen inneren Kind.

Wir sind nicht auf der Erde, um zu leiden, davon bin ich mittlerweile fest überzeugt. Wir sind allerdings auch nicht hier, um uns oberflächlich bespaßen zu lassen. Niemand ist dafür zuständig, uns immer bei Laune zu halten und dafür zu sorgen, dass es uns gut geht. Das müssen wir schon selbst in die Hand nehmen. Wir sind hier, um uns weiter zu entwickeln. Das hört sich vielleicht jetzt so an, als ob der naturspirituelle Weg der einzig wahre ist. Nein. Es ist der richtige Weg für mich. Für viele andere Menschen ist eine andere Religion die richtige. Dazu sollte niemand irgendjemandem zwingen. Diese Entscheidung muss von innen kommen.

Über 30 Prozent der Männer und Frauen auf dieser Welt leben in der christlichen Kultur. Und viele davon leben ihren Glauben aus vollem Herzen. So muss es sein. Jeder sollte den Glauben leben dürfen, der ihm guttut und aus dem er Kraft schöpfen kann.
Ganz erbärmlich ist es, wenn Menschen wegen ihrer religiösen Überzeugung verfolgt werden, wie es Christen immer noch in einigen Teilen der Welt widerfährt.

Oder Wicca-Anhängern, oder Buddhisten. Es braucht wohl noch Zeit, bis die nötige Toleranz und Weisheit diesbezüglich in allen Herzen Einzug gehalten hat.

Bei der Gelegenheit fällt mir eine sehr schöne Geschichte ein, von einem mir leider nicht bekannten Autor:

„Am Anfang der Zeit überlegten die Götter, wo sie die Weisheit verstecken können, damit die Menschen sie nicht eher finden, als sie reif dafür sind. Einer der Götter schlug vor, sie auf dem höchsten Berggipfel zu verstecken. Doch seine göttlichen Kollegen mutmaßten, dass die Menschen schon bald auf die höchsten Berge steigen würden und die Weisheit dort nicht sicher ist. Ein anderer schlug vor, die Weisheit an der tiefsten Stelle des Meeres zu verstecken. Doch auch hier sahen die Götter keinen wirklich sicheren Ort, denn schon bald würden die Menschen in der Lage sein auch dorthin zu gelangen. Nach einigem Grübeln, wo man die Weisheit denn verstecken könnte, damit sie erst dann gefunden wird, wenn die Menschen reif dafür sind, schlug einer dann vor, sie doch einfach im Inneren der Menschen selbst zu verstecken. Hier würden sie erst zu suchen anfangen, wenn sie reif dafür sind."

Tja, die höchsten Berge sind bestiegen und die tiefsten Tiefen der Meere (fast alle) erforscht. Im Außen gibt es kaum noch etwas, das entdeckt werden könnte. Im Innen dafür umso mehr. Wer sich auf den naturspirituellen Weg begibt, kommt unweigerlich mit seinem Innenleben in Kontakt. Und hier gibt es noch ganze Welten zu entdecken.

XI. Lehrer und Literatur

XI.1 Lehrer

Bücher sind eine tolle Sache. Der interessierte Leser kann unglaublich viel Wissen und Informationen daraus ziehen, die ihn weiterbringen. Wer dieses Wissen allerdings vertiefen und verinnerlichen möchte, sollte sich einer Gemeinschaft anschließen, denn es geht nichts über den persönlichen Kontakt. In einer Gruppe Gleichgesinnter kann Wissen am besten gelebt und erweitert werden. Hier können Einstellungen gestärkt oder transformiert werden. Feste, die man gemeinsam feiert, haben eine mächtigere Energie, die oft in den einzelnen Teilnehmern noch Tage und Wochen nachwirkt. Und so weiter. Ich spreche da aus Erfahrung.

Menschen, die sich für den naturspirituellen Alten Weg interessieren, sei ein Lehrer, oder eine Lerngruppe empfohlen. Denn eines wird sich sicher nie ändern, solange es Menschen gibt: Die Weitergabe von Wissen vom Lehrer zum Schüler oder innerhalb einer Gruppe ist noch immer die beste Methode, weiter zu kommen.
Und Lehrer (Priester) gibt es einige. Wobei auf dem Alten Weg hauptsächlich Leute unterwegs sind, die weniger in der Öffentlichkeit agieren. Sie sind auch nicht gleich auf den ersten Blick zu erkennen. Dennoch wird der Wissensdurstige „seinen" Lehrer intuitiv finden, wenn er es will. Das ist im Prinzip der erste Schritt auf dem Alten Weg, der selbstbestimmtes, aktives Handeln fordert.

Hier will ich noch anmerken, dass ein guter Lehrer/Priester dem Schüler nichts aufpfropft, sondern ihm vielmehr hilft, sein eigenes Wissen (was ja vorhanden ist, das muss ich immer wieder betonten) zu finden. Er ist quasi der Türöffner. Mein Lehrer Volkert sagte es so: Ein guter Lehrer macht den Schüler leer, damit er Neues aufnehmen kann.
Einige Basics allerdings sind für absolute Neulinge schon notwendig und die wird er auch vermitteln. Und da der Mensch sich gerne innerhalb bestimmter Rahmen be-

wegt, hat jede Gruppe auch so ihre eigenen Spielregeln, an die man sich halten sollte, damit es für alle eine gute Zeit wird.

So vielfältig, wie die Priester/Lehrer des Alten Weges, so vielfältig sind deren Ausbildungs-Stile. Denn die einzig gültige Regel hier ist: Es gibt keine Regeln und Vorschriften. So, wie es die Lehrer für richtig empfinden, ist es gut. Die meisten von ihnen widmen sich einem Schwerpunkt, etwa der Kräuterkunde, dem Orakeln mit Runen oder Karten, den geschichtlichen Hintergründen, dem umfassenden Thema Heilen etc. Zudem erfährt der Schüler eine Menge über göttliche Energien, die Elemente, Jahreskreisfeste und damit einhergehend über sich selbst.

Auch die Schüler sollten das Gelernte nicht 1:1 umsetzen, denn wie schon gesagt: Jeder Mensch geht seine ganz individuelle Richtung auf dem Alten Weg. Jeder sollte seiner Intuition folgen, vor allem wenn es um das Feiern von Jahreskreisfesten geht oder eigene Rituale. Klar sollten die Inhalte sich an den entsprechenden Themen orientieren. So wäre es wenig sinnvoll an Samhain ein Frühlingsfest zu feiern. Es würde einfach nicht zur inneren Stimmung und zur Jahreszeit passen und wäre von daher für alle Teilnehmer wenig befriedigend. Ansonsten ist Der Alte Weg eine sehr frei gestaltbare Naturreligion, die viele Spielräume lässt innerhalb der einen Regel „Tu was Du willst und schade niemandem".

Es gibt keine bestimmten körperlichen oder geistigen Voraussetzungen, um den Alten Weg zu gehen. Man sollte nur offen sein für das, was einem hier begegnet. Wer den Alten Weg geht, kommt mit seiner eigenen Spiritualität in Kontakt. Einer Spiritualität, die von Geburt an in jedem steckt und von der man teilweise nicht für möglich gehalten hat, dass es sie gibt.

Auch wenn die Suche nach einem Lehrer bereits eine intuitive Aufgabe darstellt, will ich hier ein wenig Hilfestellung geben:

Der KultURgeister e.V., Dachverband für traditionelle Naturreligion, hat eine Ausbildungs-Akademie ins Leben gerufen. Hier finden persönliche Treffen ebenso statt, wie Fernunterricht. Kontakt: www.kulturgeister.de.

Wer sich für das Druidentum interessiert kann sich hier mal informieren: www.druidry.de

Leser die Näheres über den Schamanismus erfahren wollen, finden gute Lehrer unter www.shamanicstudies.net oder www.fauna-spirit.de.

Es gibt sicher noch viele weitere gute spirituelle Gruppen und Lehrer. Wie gesagt, hier ist Intuition gefragt.

XI.2 Literatur-Auswahl

Ascher, Ulrike
Hexen- Einmaleins für freche Frauen
Goldmann-Verlag, 2002. ISBN-13: 978-3442216048

Ascher, Ulrike
Das Buch der Magie für Hexen und Zauberlehrlinge
Scherz-Verlag, 2002. ISBN-13: 978-3502120254

Bays, Brandon
The Journey. Der Highway zur Seele.
Ullstein-Verlag, 2006, ISBN-13: 978-3-548-74091-1

Breuers, Dieter
In drei Teufels Namen – Die etwas andere Geschichte der Hexen und ihrer Verfolgung
Bastei-Lübbe-Verlag, 2007. ISBN-13: 978-3785723098

Carter-Scott, Cherie
Das Leben ein Spiel und hier sind die Regeln
Goldmann-Verlag, 1999. ISBN-13: 978-3442141722

Cowan, Tom
Feuer im Kopf: Mystische Traditionen der keltischen Schamanen
Ariston-Verlag, 2003. ISBN-13: 978-3720524797

Cunningham, Scott
Enzyklopädie der magischen Kräuter
Schirner-Verlag, 2006. ISBN-13: 978-3897675032

Cunningham, Scott
Wicca: Eine Einführung in weisse Magie
Econ-Verlag, 2001. ISBN-13: 978-3548740140

Dahlke, Rüdiger
Lebenskrisen als Entwicklungschancen
Bertelsmann-Verlag, 1995. ISBN-13: 978-3570121832

Dahlke, Rüdiger
Krankheit als Sprache der Seele
Bertelsmann-Verlag, 1992. ISBN-13: 978-3570014714

Dahlke, Rüdiger
Lebenskrisen als Entwicklungschancen: Zeiten des Umbruchs und ihre Krankheitsbilder
Goldmann-Verlag, 2002. ISBN-13: 978-3442165025

Dahlke, Rüdiger, Dahlke, Margit
Die Lebensprinzipien: Wege zu Selbsterkenntnis, Vorbeugung und Heilung
Arkana-Verlag, 2011. ISBN-13: 978-3442338931

Dahn, Felix; Dahn Therese
Germanische Götter- und Heldensagen
Matrixverlag, 2004. ISBN-13: 978-3937715391

Dethlefsen, Thorwald
Das Erlebnis der Wiedergeburt: Heilung durch Reinkarnation
Goldmann-Verlag, 1984. ISBN-13: 978-3442117499

Dethlefsen, Thorwald
Gut und Böse
Goldmann-Verlag, 1989. ISBN-13: 978-3442121144

Dethlefsen, Thorwald; Dahlke, Rüdiger
Krankheit als Weg: Deutung und Bedeutung der Krankheitsbilder
Bassermann-Verlag, 2008. ISBN-13: 978-3809423775

Die drei Eingeweihten
Das Kybalion – die 7 Hermetischen Gesetze
Aurina Verlag, 4. Auflage, 2009. ISBN 978-3-937392-17-2

Dieckmann, Peter Michael
Ich bin berührt – Reiki oder die Schule des Lebens
Goldmann-Verlag, 2008. ISBN-13: 978-3442218073

Eliade, Mircea
Schamanismus und archaische Extrasetechnik
Suhrkamp-Verlag, 2012. ISBN 978-3-518-27726-3

Farmer, Steven D.
Magie der Erde – Heilende schamanische Weisheiten
Koha-Verlag, 2010. ISBN-13: 978-3867281331

Franckh, Pierre
Erfolgreich wünschen: 7 Regeln wie Träume wahr werden
Koha-Verlag, 2005. ISBN-13: 978-3936862669

Gabriel, Vicky; Anderson, William
Der alte Pfad. Wege zur Natur in uns selbst
Arun-Verlag, 2010. ISBN-13: 978-3927940550

Gabriel, Vicky; Anderson, William
Wege zu den alten Göttern: Priesterschaft in der Naturreligion.
Arun-Verlag, 2009. ISBN-13: 978-3935581158

Gardner, Gerald B.
Ursprung und Wirklichkeit der Hexen: Witchcraft Today
Alraunen/Heiden Verlag, 2004. ISBN-13: 978-3937674087

Genzmer, Felix
Die Edda: Götterdichtung, Spruchweisheit und Heldengesänge der Germanen
Diederichs-Verlag, 2006. ISBN-13: 978-3720527590

Hack, Ingrid
Davon will ich mich befreien! Alte Muster endlich loswerden
Kösel-Verlag, 2004. ISBN-13: 978-3466343966

Hahnemann, Samuel
Organon der Heilkunst.' Aude Sapere': Auf der Grundlage der 1992 vom Herausgeber bearbeiteten textkritische n Ausgabe des Manuskriptes Hahnemanns (1842)
Karl F. Haug Fachbuchverlag, 1999. ISBN-13: 978-3830402756

Harner, Michael
Der Weg des Schamanen: Das praktische Grundlagenwerk zum Schamanismus
Ullstein TB, 2004. ISBN-13: 978-3548741826

Hicks, Esther & Jerry
Wünschen und bekommen: Wie Sie Ihre Sehnsüchte erfüllen
Allegria-Verlag, 2005. ISBN-13: 978-3793420125

Koch, Franz A.
Alles kann sich ändern: Mit der 3-Schritte-Technik die eigene Realität gestalten
Omega-Verlag, 2005. ISBN-13: 978-3930243334

Kramer, Heinrich
Der Hexenhammer: Melleus Maleficarum
Deutscher Taschenbuch Verlag, 2000. ISBN-13: 978-3423307802

Krause, Arnulf
Die Edda des Snorri Sturluson
Reclam-Verlag, 1997. ISBN-13: 978-3150007822

Matthews, John
Keltischer Schamanismus
Diederichs-Verlag,1998. ISBN-13: 978-3424014235

Maxwell-Stuart, P.G.
Hexen: Wahn und Wirklichkeit von der Antike bis heute
Magnus-Verlag, 2003. ISBN-13: 978-3884000236

McCoy, Edain
Die keltische Zauberin: Mythen, Rituale, Symbole
Heyne-Verlag, 2003. ISBN-13: 978-3453864566

Meyer, Hermann
Jeder bekommt den Partner, den er verdient – ob er will oder nicht
Trigon-Verlag, 1997. ISBN-13: 978-3000011832

Mohr, Bärbel
Bestellungen beim Universum. Ein Handbuch zur Wunscherfüllung
Omega-Verlag, 2004. ISBN-13: 978-3930243136

Mohr, Bärbel
Reklamationen beim Universum: Nachhilfe in Wunscherfüllung
Omega-Verlag, 2001. ISBN-13: 978-3930243242

Picard, Winfried
Schamanismus und Psychotherapie, Kräfte der Heilung
Param-Verlag, 2006. ISBN 3-88755-245-8

Rätsch, Christian
Der heilige Hain: Germanische Zauberpflanzen, heilige Bäume

und schamanische Rituale
AT-Verlag, ISBN-13: 978-3038002048

Rätsch, Christian; Müller-Ebeling Claudia; Storl, Wolf-Dieter
Hexenmedizin: Die Wiederentdeckung einer verbotenen Heilkunst
– schamanische Tradition in Europa
AT-Verlag, 1998. ISBN-13: 978-3855026012

Roman, Sanaya
Sich dem Leben öffnen. Schritte zu persönlichem Wachstum und geistiger Kraft
Ansata-Verlag, 1990. ISBN-13: 978-3715700984

Salman, Robert
Der praktische Schamane. Die Kunst des Wünschens, Heilen, Magie im Alltag
Rohwolt Tb., 2003. ISBN-13: 978-3499615542

Storl, Wolf-Dieter
Heilkräuter und Zauberpflanzen: zwischen Haustür und Gartentor
Knaur TB, 2007. ISBN-13: 978-3426873243

Voenix
Weltenesche Eschenwelten: Das germanische Götterorakel und Nachschlagewerk
Arun-Verlag, 2001. ISBN-13: 978-3927940543

West, Kate
Hexenhandbuch: Eine vollständige Einführung in die Kunst
Goldmann-Verlag, 2006. ISBN-13

Der Text dieses Buches ist urheberrechtlich geschützt. Das Werk als Ganzes sowie Auszüge daraus dürfen nur mit Genehmigung der Autorin verwendet werden.

Danke!

Danke meiner Freundin Silvana, die mir ein helles Licht auf dem Alten Weg war und ist. Mit ihrer imaginären Peitsche und einem unnachahmlichen Blick hat sie mich so manches Mal zu eigenen Überlegungen und zum Umdenken motiviert.

Danke meinem Lehrer Volkert, der mir von Anfang an durch sein tiefes Wissen und seine sympathische Art imponiert hat. Bei ihm entdeckte ich so einiges, was bisher verborgen war. Er ist eine große Hilfe, um an der Umsetzung des Grundsatzes „Erkenne Dich selbst und finde das rechte Maß" zu arbeiten.

Danke meiner Freundin Conny, für ihre Hilfsbereitschaft, die vielen guten Gespräche und ihr wunderbares Harfenspiel. Und dafür, dass sie sich die Zeit genommen hat, dieses Buch zu redigieren.

Danke Christoph, der mir aus Sicht eines evangelischen Pfarrers einige wichtige Hinweise gegeben hat, um Schwachstellen zu korrigieren. Und Danke seiner Freundin Christina, die mein Buch ebenfalls Korrektur gelesen hat.

Danke meiner Hexen-Schwester Geridwen (gestorben 2014), die mir schon so oft und in ihrer unnachahmlichen Art und Weise Antworten auf die kniffligsten Fragen geben konnte.

Danke meiner Mutter, Robert, Linda und Benedikt, für die Teilnahme an meiner Priester-Weihe. Eure Anwesenheit hat mir viel bedeutet.

Danke allen lieben (spirituellen) Wegbegleitern, die mir immer wieder zu neuen Erkenntnissen verhelfen.

Nachwort:

Vielleicht haben Sie sich über meinen Namen „Asha" gewundert. Es ist mein spiritueller Name. Ich fand es stimmig, meinen spirituellen Weg zur Naturreligion unter Einbezug dieses Namens zu schreiben.

Einen spirituellen Namen legt man sich normalerweise nicht selbst zu. Er wird einem gegeben. So war es auch bei mir. Noch bevor ich am Beginn meines Weges war, bekam ich diesen Namen im Traum übermittelt. Aber erst, als ich meine Ausbildung begonnen hatte, wurde mir bewusst, warum ich diesen Traum hatte.

Anregungen, Hinweise oder was auch immer nehme ich gerne entgegen:
Kontakt: asha22@gmx.de.